武汉大学经济发展研究中心 学术丛书

中国自由贸易区建设

福利效应与推进路径

THE CONSTRUCTION OF CHINA'S FREE TRADE AGREEMENTS

Welfare and Path

杨勇 著

社会科学文献出版社

SOCIAL SCIENCES ACADEMIC PRESS (CHINA)

摘　要

　　贸易自由化是中国改革开放的原动力。自由贸易区战略是中国贸易自由化进程的重要组成部分，迄今已推进实施了10余年。当前，全球范围内的贸易保护主义和单边主义不断抬头，中国如何推动自由贸易区战略向纵深发展？本书基于多边化区域主义视角，根据新量化贸易理论建立分析框架，系统评估中国自由贸易区战略的福利效应和产品质量效应，并分析中国在亚太推进多边化贸易平台建设中的策略。本书共分为六章，具体内容安排如下。

　　第一章绪论主要介绍本书的理论与现实背景。首先，本章介绍了区域主义的历史与发展阶段，并重点分析了多边化区域主义的理论缘起与现实表现；其次，梳理了中国自由贸易区战略的历史背景与发展路径；最后，进一步描述了中国自由贸易区战略对中国对外贸易的影响。

　　第二章为区域贸易协定政策评估的理论分析。这一章在文献梳理的基础上，将区域贸易协定的政策效应分为对出口产品质量的影响，以及对贸易福利水平的作用，并分别建立理论分析框架，研究区域贸易协定对出口产品质量和贸易福利水平的作用并提出相关的理论假设。

第三章是对中国自由贸易区战略影响中国出口产品质量进行实证检验。基于第二章的理论分析，本章基于 HS－6 分位贸易数据，对 1995～2015 年中国对 140 个贸易伙伴出口的 4825 种产品质量进行测算，并建立多期双重差分模型分析中国自由贸易区战略对出口产品质量的作用与机制，得到较为稳健的实证结论。

第四章评估中国自由贸易区战略的福利效应。第二章基于新量化贸易理论分析了自由贸易区战略对中国贸易福利水平的作用与影响机制，本章进一步运用 1998～2019 年中国对 160 个贸易伙伴的 HS－6 分位贸易数据，综合运用各种实证方法评估自由贸易区战略对中国贸易福利的影响与机制，得到较为稳健的研究结果。

第五章分析中国推进亚太多边化区域贸易平台建设的机遇与策略。本章首先分析了中美之间就主导亚太多边化区域贸易平台建设的路线博弈，其次分析了亚太未来多边化区域贸易平台的载体选择，最后提出了中国推动亚太多边化区域贸易平台建设的策略措施。

第六章是本书的研究结果总结与政策启示分析。在总结本书研究结论的基础上，结合当前的国际经济环境，提出了有利于中国更好实施自由贸易区战略的对策建议。

本书瞄准中国对外开放的重大战略关切，运用当前主流

理论和前沿实证方法进行政策绩效评估与策略分析。本书除
了具有很强的理论与现实价值外，还兼具专业性与通俗性，
是一本雅俗共赏的国际经济读本。

Abstract

Trade liberalization is an engine to drive China's Reform and Opening-up, and the Free Trade Agreement Strategy is an important part of China's trade liberalization process, which has been implemented for more than ten years. At present, trade protectionism and unilateralism are on the rise around the world. How can China promote the FTA Strategy to deep development? From the perspective of multilateralising regionalism, this book establishes an analytical framework based on the new quantitative trade theory to systematically evaluate the product quality effects as well as welfare effects of China's FTA Strategy, and analyzes China's FTA Strategy in promoting the construction of a multilateral trade platform in the Asia-Pacific. This book consists of six chapters and the specific content is arranged as follows:

The first chapter is the introduction, which mainly introduces the theoretical and practical background of the book. First of all, this chapter introduces the history and development stages of international regionalism, and focuses on analyzing the theoretical origins and practical manifestations of the multilateralising regionalism. Then, it generalizes the historical background and development path of China's FTA Strategy, and then analyzes the impact of FTA Strategy on China's foreign trade.

The second chapter is the theoretical analysis on regional trade agreements evaluation. Based on the literature review, this chapter divides the policy effects of regional trade agreements into the impact on the export products quality and trade welfare. Then this chapter establishes theoretical analysis framework to study the effects of regional trade agreements on export product quality and trade welfare and put forward related theoretical assumptions.

The third chapter analyzes empirically on the impact of China's FTA Strategy on the quality of China's export products. Based on the theoretical analysis in Chapter 2, this chapter measures the quality of 4931 HS – 6 digit products exported from China to 216 economies between 1995 and 2015, and uses a Time-varying Difference-in-Difference model to analyze the impact of FTA Strategy on these products' quality. More robust empirical findings are obtained.

The fourth chapter assesses the welfare effects of China's FTA Strategy. Based on the quantitative trade analysis framework set up in chapter 2, this chapter studies the impact and mechanism of FTA strategy on China's welfare based on HS – 6 trade data from 1998 to

2018, effect of FTA Strategy on welfare is estimated through a combination of empirical methods to obtain more robust conclusions.

The fifth chapter explain the historical origins and possible construction routes of the Asia-Pacific multilateralising regional trade platform, then studies the future development of the multilateralising regional trade platform from the three aspects of the choice of development direction, carrier selection and dominant economy selection. Finally this chapter puts forward China's strategic measures to promote the construction of the Asia-Pacific multilateral trade platform.

The last chapter is the summary of the research results and the analysis of policy implications. On the basis of summarizing the research conclusions of this book, combined with the current international economic environment, puts forward countermeasures and suggestions that are conducive to China's better implementation of the free trade zone strategy.

This book aims at the major strategic concerns of China's opening to the outside world, and uses current mainstream theories and empirical methods to evaluate policy performance and analyze strategies. In addition to its strong theoretical and practical value, this book is also professional and popular.

目　录
CONTENTS

第一章

绪论

人类社会的发展总是在曲折中前进。对于战后国际区域主义的实践而言，这个道理同样适用。兴盛于二战后的区域主义几起几落，既经历过烈火油烹繁荣兴盛，也曾经徘徊低潮进退踟蹰。当前，区域主义的发展又前行到重要的十字路口。一方面，中国等新兴经济体努力推动区域主义艰难前行，《区域全面经济伙伴关系协定》（RCEP）的签署与生效标志着区域主义的重要胜利。另一方面，美国等发达经济体内部弥漫着贸易保护主义、单边主义思潮，特别是在新冠肺炎疫情的打击下，发达经济体的经济增长乏力，反全球化声浪日益高涨，这给此前蓬勃发展的区域主义蒙上了重重阴霾。

中国是区域主义的坚定推动力量。2007年中国正式发布并推进实施自由贸易区战略，成为区域主义发展的重要动力。在当前的十字路口，区域主义的前景如何？又将如何影响中国正在稳步推进的自由贸易区战略？本章将在梳理区域主义发展历程的基础上，分析中国自由贸易区战略的缘起与发展历程，进而剖析中国贸易发展历程以及自由贸易区战略的作用。

第一节　区域主义的历史与发展阶段

区域主义是指国家间以区域为基础的合作与联合。区域主义早已有之，最早的区域贸易安排始于 1664 年法国各省间建立关税同盟。但是，区域主义兴盛于 20 世纪，特别是第二次世界大战后，成为二战后国际社会运动的代表性重要现象。

一　区域主义的概念与内涵

目前，关于区域主义的概念与内涵尚无定论。学者们基于不同视角并结合自身理解提出了差异化观点，主要包括以下四种。

1. 经济视角

以 Bhagwati（1993）和 Vayrynen（2003）为代表的学者基于经济视角，分析区域主义的内涵及其对全球贸易体系的影响。Bhagwati（1993）认为区域主义是经济体之间的优惠贸易安排，且由于贸易转移效应，区域主义会导致贸易保护主义，阻碍全球贸易体系发展。Vayrynen（2003）对区域主义的内涵进行了补充，从商品贸易领域拓展至国内经济政策的协调合作，不同于 Bhagwati（1993）的观点，其认为区域贸易协定与多边贸易协定之间并非相斥关系，两者可以实现兼容，甚至产生促进作用。

2. 政治视角

经济视角未能全面解答国家采取区域贸易战略的原因及选择区域贸易协定伙伴的依据等问题。部分学者基于政治视角从国际政治和国内政治两方面做出回答。国际政治方面，Mansfield 和 Solingen（2010）认为区域主义指地理位置邻近且互动密切的国家间通过正式制度而达成的政治协商。霸权与区域主义的关系是国际政治视角下区域主义研究的重点。Katzenstein（2005）指出"多孔化地区是冷战后世界政治的重要特点，并从技术、对外投资、国内和国际安全及文化外交等角度系统探讨了欧洲和亚洲两大地区的权力变化特点及其融合程度"，认为地区主义可以为国家与市场、民族主义与世界主义之间的矛盾提供解决方案。国内政治方面，关于区域主义的讨论强调一个国家是否选择加入区域贸易协定取决于该国政治体制及政策制定者和利益集团的偏好。

3. 主观建构视角

关于主观建构说的研究不断涌现，为解释区域主义提供新视角。该观点认为区域主义是区域成员国拥有区域认同的具体表现。其中 Camroux（2007）将区域主义定义为一种身份建构形式，认为区域主义在本质上是主观的，是一组规范、价值、目标、观点。Jayasuriya（1994）认为区域主义是由语言和政治论述塑造的一组认知实践。

4. 综合视角

无论基于经济、政治视角，抑或主观建构视角，三种观

点均存在片面性。以 Schulz 等 (2001) 为代表的学者提出多
维度视角，认为"区域主义表示正式的、往往是由国家主导
的计划、过程，或者是一种国际秩序或社会的类型，它是出
于一定目的的政治、经济或安全合作进程。"卢光盛 (2008)
则认为"地区主义主要是指地理上毗邻的一组国家之间，为
了寻求国家和地区利益而开展的政治、经济方面的合作实践，
以及由此体现出来的思想与信念。从本质上讲，地区主义是
研究地区合作中国家与市场，即政治权力与市场机制如何彼
此作用、相互博弈的理论"。

综上，正如吉尔平所言，"要对如此多种多样的和范围广
泛的现象做出普遍适用的解释或建立一种通用的理论，毫无
疑问是不可能的。采用折中的方法才是合理的，理应重视很
多因素"(吉尔平，2013)。因此本书倾向于从折中的多维度
视角理解区域主义的内涵。

二 区域主义的发展路径

区域主义发展路径可以概括为从传统区域主义、新区域
主义到多边化区域主义的演进过程。以下五个重要时期在区
域主义发展进程中发挥了节点作用。

第一阶段：19 世纪末至 20 世纪初。自 1664 年法国出现
第一个区域贸易安排后，区域主义在其后 200 年内发展缓慢，
直至 19 世纪末开始在欧洲迅速发展。1860 年，法国和英国签
订以自由贸易、最惠国待遇为原则的通商条约——科布顿条
约。到 20 世纪初，英国与 46 个国家、德国与 30 个国家、法

国与20多个国家签订双边贸易协定，其引发欧洲乃至全球范围内削减关税的浪潮，极大地促进了欧洲一体化进程。该阶段区域主义仅仅是一种欧洲现象。

第二阶段：20世纪30年代。一战的爆发中断了区域主义发展进程。战后在英国霸主地位已终结，而美国尚未接替的背景下，以贸易保护主义、重商主义、贸易歧视为主要特征的区域主义走上国际舞台。英国、法国、德国和美国纷纷建立起以本国为核心的关税同盟。此外，小国为了能够在大国林立的世界中求得生存也积极展开合作，如1934年意大利、奥地利、匈牙利签订《罗马议定书》。该时期区域主义的本质是以邻为壑和贸易转移，以大国为核心、相互敌视和竞争的区域主义导致世界贸易大幅缩减，贸易冲突不断增多，进而激化各国政治矛盾，成为二战爆发的原因之一。

第三阶段：20世纪50年代至80年代。二战结束后至20世纪80年代前，区域主义在曲折中前进。战后，欧洲统一的观念深入人心，1952年《巴黎条约》生效，欧洲煤钢共同体建立；1958年欧洲经济共同体成立，欧洲经济一体化进程加快。随着欧洲经济区域主义的顺利推进，世界其他区域如北美、南美以及亚洲也出现各种经济区域主义的构想。"在区域经济高速发展的背景下，以联邦主义、功能主义、新功能主义和沟通主义理论为代表的理论学者乐观地认为，区域主义从经济领域向政治领域过渡是一个必然的过程，民族国家之间的政治区域主义将会在不久的将来顺利实现"（王在亮、王资博，2013）。但20世纪70年代的世界经济大衰退使得经济区域主义走向衰落,直到 20 世纪 90 年代再次复兴。

第四阶段:20 世纪 90 年代。20 世纪 90 年代初,国际政治发生根本性变化,东欧剧变、苏联解体、两极格局瓦解。在此大变革背景下,区域主义摆脱沉寂,以大国(经济集团)与小国共同组建且小国在加入区域贸易协定(Regional Trade Agreements,RTAs)的谈判中对大国单方让步为主要特点的新区域主义迅猛发展。之所以称为"新",是因为其突破传统地缘概念,范围更广,且更加注重一体化的纵深发展。

第五阶段:21 世纪至今。21 世纪以来世界经济环境发生变化,各经济体出于对自身利益的追求及资源跨国有效配置的需要,逐渐突破双边及区域性 RTAs 自身封闭性而进行对外开放与整合,新区域主义进入新阶段,演化为多边化区域主义。2020 年由中国、日本、韩国、澳大利亚、新西兰和东盟十国共 15 方成员签署的《区域全面经济伙伴关系协定》(RCEP)便是多边化区域主义的典型代表,其高度关注竞争政策、环境保护、劳工标准等无法纳入多边谈判范畴的新议题,有效弥补了多边谈判机制的缺陷。

三 区域主义的动因与特征

区域主义是在各国追求国家利益的过程中形成的,因此区域主义发展的本质动因在于实现国家利益。

传统区域主义下经济体更多是出于贸易等经济利益的考量,因而呈现以下特征。①表现出明显的区域性,地缘相近的国家在历史传统、文化习俗等方面具有相似之处和独特优势，便于区域经济合作的开展。②内部合作性与外部排他性的共存。传统区域主义是封闭的区域主义，成员间利益与发展的紧密联系使得区域内有较强的整体感，但"整体"的范围局限于区域内部，对外则实行歧视性原则，通过区域内外的差别待遇强化区域内部的整体利益。

20 世纪 90 年代初，随着苏联解体及全球化进程加快，区域主义实践的新浪潮"新区域主义"（New Regionalism）应运而生。新区域主义是多重因素共同作用的结果。经济方面，WTO 贸易领域谈判的进展异常缓慢，时常陷入僵局。在此背景下，小国通过加入自由贸易区的方式加快关税减让和市场准入步伐，以促进本国的贸易、投资和经济增长。大国出于增加在多边贸易谈判中的筹码和提升贸易报复能力等目的，积极推动区域一体化发展。由于区域贸易协定缔结速度快，且存在广泛共同利益的基础，新区域主义成为推动区域经济一体化和加强区域经济合作最有效、最便捷的途径。政治方面存在以下推动因素。①冷战结束后，东欧及波罗的海国家开始向资本主义制度过渡，欧盟通过与其进行区域合作和吸收新成员的方式，巩固和加快这一过渡进程以推进意识形态与政治制度的扩张。②面对欧洲区域经济力量的壮大，美国转变对区域主义的态度，积极参与、倡导区域化，并利用区域贸易安排来推动成员国进行国内政治经济改革，以提升国际影响力，巩固霸权地位。③发展中国家出于提升谈判能力和政府信誉等目标，选择顺应区域主义新浪潮。

新区域主义不仅仅是传统区域主义的复兴，其在世界格局剧变中孕育而生，具有以下不同于传统区域主义的特征。
①超越地理范围。新区域主义主要表现为跨区域及区域集团
与单个国家之间的混合安排等形式，其超越传统区域主义囿
于发达国家之间（北北型）或发展中国家之间（南南型）的
局面，构建了发达国家与发展中国家之间紧密合作的新型区
域主义模式（南北型），成为全球化背景下新区域主义发展的
主要动力源泉。②大国主动参与并推进区域经济合作，如美
国倡导的北美自由贸易区、欧盟的东扩等，且往往小国给大
国单方让步，让步不仅体现在关税与非关税壁垒的减让，而
且体现为国内政治经济体制、法规、政策向大国靠拢。如在
北美自由贸易协定过程中加拿大、墨西哥在知识产权保护、
环境保护及竞争政策等方面都根据美国的要求进行了重大调
整；欧盟也对东欧国家提出政治经济体制调整的要求。③主
体与议题的综合性。一方面，传统区域主义通常表现为区域
政府间组织，在新区域主义的实践中市场组织、非政府组织
开始积极加入。另一方面，在议题内容上从单一维度的经济、
政治或安全组织开始向涉及政治、经济、社会、环境、文化
等多维度多议题的方向发展，并日益成为解决区域综合性问
题的重要力量。④开放性。以欧洲共同体为代表的经济领域
组织和以华约、北约为代表的军事联盟，都存在一定封闭性
特征，新区域主义下开放性凸显：经济方面区域一体化进程
开始与WTO多边贸易机制趋向一致。

第二节　多边化区域主义的理论缘起与现实表现

多边化区域主义（Multilateralising Regionalism）是双边及区域性 RTAs 突破自身封闭性而进行对外开放与整合的机制（Baldwin，2006）。因此，其也被称为区域主义多边化，是新区域主义应对国际经济环境变化而做出的调整与发展。多边化区域主义具有此前的国际经济一体化所不具备的全新特征，它的发展可能对国际经济一体化产生深远影响。

新区域主义的兴盛是 20 世纪 90 年代以来世界经济中的重要事件。新区域主义模式下的 RTAs 多是大国（经济集团）与小国组建的双边 RTAs，而且小国在加入 RTAs 的谈判中对大国让步更多（Ethier，1998）。新区域主义的发展推动了全球 RTAs 数量的快速增长，截至 2022 年 7 月，向 WTO 通报并生效的 RTAs 的数量已达到 580 个。数量庞大的 RTAs 将全球绝大多数经济体囊括在 RTAs 网络中，并导致了意大利面碗效应（spaghetti-bowl effects），即多个 RTAs 相互交叉，使得这些 RTAs 中的不同优惠待遇和原产地规则就像碗里的意大利面条一样错综复杂，提高了成员方利用优惠待遇和原产地规则的成本。

一　多边化区域主义的理论缘起

二战结束以来，区域主义与多边主义的发展此消彼长。理论上，《关税及贸易总协定》（GATT）、世贸组织（WTO）

和区域贸易协定（RTAs）是通过贸易自由化实现资源配置化的两种不同制度性安排，两者交替主导资源的跨国配置（Baldwin，2006）。如果多边谈判的摩擦成本明显大于区域主义时，经济体倾向于参与区域经济一体化进程（McLaren，2002）。随着多边主义的迭起兴衰，区域主义发展至今经历了传统区域主义、新区域主义和多边化区域主义三个阶段。

受制于美苏两极格局下经济体间的政治竞争和多边谈判的积极推进，传统区域主义的发展经历了大起大落。20世纪30年代以来，实施高关税贸易政策的现象日益普遍化。为了应对贸易保护主义和国家间利益博弈导致的国内福利下降，建立国际贸易规则成为大多数国家的主要诉求。在这一时期，美国坚持全球主义战略，国际贸易规则的建立主要依托以GATT/WTO为载体的多边机制（李向阳，2006）。1947~1979年，GATT先后进行了七轮多边贸易谈判，较大幅度地降低了成员间的关税税率水平。与此同时，传统区域经济一体化开始发力。为了摆脱美国等发达经济体的控制和安全威胁的困扰、实现国内经济发展，发展中经济体开始组建南南合作组织，如东盟国家逐步走向联合。该阶段的区域经济集团带有明显的对抗性，贸易收益是成员经济体的核心目标。传统区域主义经历了50~60年代的快速发展时期，随后转向衰落。进入80年代以后，以反倾销、出口补贴、技术壁垒等非关税壁垒为主要手段的新贸易保护主义抬头。为了遏制贸易保护主义进一步发展，乌拉圭回合谈判于1986年9月启动并取得了显著的成果，在一定程度上巩固了多边主义实现贸易自由化的功能。但此次谈判历时长、各方利益矛盾冲突尖锐复杂等特点暴露出多边谈判的制度缺陷。

20世纪90年代以来，伴随冷战的终结，RTAs的存在得到WTO承认，双边RTAs得以迅速发展。基于避免在区域经济一体化进程中被边缘化和维系自身在多边贸易谈判中主导地位的考虑，美国开始参与双边贸易合作，并由此触发了全球范围内的"多米诺效应"（Baldwin，1993）。这一时期，区域经济合作明显表现为大国与小国签署双边RTAs，而且在RTAs谈判中小国单方面对大国让步，这种区域主义模式被Ethier（1998）称为新区域主义。与此同时，经济体收益目标不再局限在贸易收益，并且大国与小国的收益目标差异较大（Ethier，1998）。进入21世纪以来，国际贸易和跨国直接投资迅猛发展，发达经济体酝酿将涉及国内政策领域的投资政策、竞争政策、劳工标准等内容引入国际贸易规则的讨论范围[①]，而WTO多哈回合谈判仅着眼于传统贸易问题且谈判频频陷入僵局。WTO框架下的国际贸易规则谈判缺陷使新区域主义在国际资源配置中的作用不断凸显。以北美自由贸易协定（NAFTA）为开端，传统贸易议题之外的条款内容开始纳入RTAs谈判。为了保障市场准入并且抵消区域贸易安排的贸易转移效应所带来的福利损失，非成员经济体纷纷加入已有的RTAs或者签署新的RTAs，新区域主义进入蓬

---

① 1996年WTO第一次部长级会议在新加坡召开，发达国家提出了"新加坡议题"。其主要内容包括投资、竞争政策、政府采购透明度和贸易便利化。

勃发展期，以自由贸易区为主的 RTAs 数量在全球范围内快速增长。

　　然而，数量激增的双边 RTAs 使得国际贸易和投资的环境愈发复杂并且催生了意大利面碗效应。从微观层面来看，面碗效应不仅提高了经济个体利用优惠待遇和原产地规则的成本，阻碍了跨国公司资源配置国际化功能的发挥，而且削弱了不同经济体的目标收益；从宏观层面来看，随着全球价值链的形成和深化，全球贸易模式更多地强调生产过程的国际化，允许商品、服务、投资、技术及人员在全球生产网络中跨境流动（东艳，2014）。这就要求处于价值链上的不同经济体的国内规则与国际贸易规则协调一致，然而现行全球贸易治理体系明显无法满足全球贸易模式的新要求，多边谈判由于存在制度缺陷而无法对国际贸易规则的重塑做出及时回应。此外，新兴经济体的迅速崛起使得以大国利益诉求为核心的全球贸易治理体系不能适应各经济体实力对比变化。在这种背景下，RTAs 开始出现多边化的趋势，多边化区域主义应运而生。

　　多边化区域主义是指双边及区域性 RTAs 突破自身封闭性而进行对外开放与整合的机制，也是新区域主义应对国际经济环境变化而做出的调整与发展。多边化区域主义能够破除意大利面碗效应对区域资源有效配置造成的干扰，同时也能保障新区域主义模式下大国与小国参与国际经济一体化的不同利益诉求。以巨型 RTAs 为代表的多边化区域贸易平台是多

边化区域主义实现的主要途径①，并与 WTO 一起作为两个支
柱支撑未来多边主义发展（Baldwin，2016）。从空间布局来
看，RTAs 的蓬勃发展似乎分裂了多边贸易体系，但是并未从
机制上腐蚀多边贸易自由化的框架（贺平，2012）。《跨太平
洋伙伴关系协定》（TPP）、《区域全面经济伙伴关系协定》
（RCEP）等巨型 RTAs 谈判重视竞争政策、环境保护、劳工标
准等无法纳入多边谈判范畴的新议题。就议题领域的拓展而
言，多边化区域主义是对多边谈判制度缺陷的有效弥补，多
边化区域贸易平台是现阶段国际贸易新规则塑造的中间载体。
多边化区域主义的出现终结了 Bhagwati（1991）提出的区域主
义是多边主义的绊脚石的著名猜想，成为区域主义连接多边
主义的桥梁（Baldwin，2006）。综合国际贸易规则制定的发展
实践，全球贸易治理体系的演进路径仍将遵循序贯谈判（se-
quential negotiation）原则（李向阳，2003），基于开放、包容
的多边化区域贸易平台建设，将不同的 RTAs 协调融合，对诸
如原产地规则、知识产权保护等重叠或缺失的贸易规则进行
调整，逐步实现将面碗中的意大利面条转变成"宽面条或者
比萨块"（Bhagwati，1993）。在此基础上，将融合新一代贸
易条款的区域贸易规则向多边贸易规则扩展，有序促进区域

---

① 多边化区域主义实现的主要途径包括：一是巨型跨区域贸易平台的形成，溶解
区域内的小型 RTAs；二是不同 RTAs 实现规则统一和使用标准谈判文本，如
1997 年欧盟实施了"泛欧累积制度"（PECS），统一了欧洲共同体、欧洲自由贸
易联盟与中东欧国家分别签署的双边 RTAs 中的原产地规则，APEC 提出了指导
成员方组建的 RTAs 标准示范条款，主要目的也是统一规则；三是 RTAs 协议引
入最惠国待遇原则，严重动摇了国际经济一体化赖以生存的法律基础。

贸易自由化过渡到多边贸易自由化，将面碗内容物合并、拼接成"完整的比萨饼"，最终实现全球贸易自由化。

二 多边化区域主义的动因

国际经济一体化从战后发展至今，已经经历了传统区域经济一体化和新区域主义两个阶段，国际经济一体化在这两个阶段的特征与表现形态并不相同。国际经济一体化的形态与国际环境和成员方的利益目标密切相关，国际经济环境和成员方利益诉求的改变会促进国际经济一体化形态的转变。多边化区域主义是国际经济一体化发展的新阶段，它同样是国际环境和成员方利益目标变化的结果。

多边化区域主义根源于新区域主义，是新区域主义应对21世纪以来世界经济环境变化的调整与发展。多边化区域主义的动因在于经济体对自身利益的追求，以及有效地进行资源跨国配置的需要。

1. 多边化区域主义源自经济体的利益最大化追求

参与 RTAs 的收益是对经济体让渡部分主权的补偿，收益目标因国际经济一体化的阶段不同和经济体的自身差异而存在差异。传统经济一体化中的经济体多着眼于贸易收益；新区域主义时代的经济体收益目标则更为广泛，不再局限于贸易利益，而且不同经济体的收益目标差异很大。根据 Whally（1996）、Fernandez 和 Portes（1998）、Schiff 和 Winters（1998）、李向阳（2003）、樊勇明（2008）等的研究，不同成员方在新区域主义下的收益目标见表 1 - 1。

表 1 - 1　新区域主义下不同成员方的收益目标

类别	大国	小国
经济利益	1. 传统贸易收益和稳定的区域市场 2. 增加在多边贸易谈判中的筹码 3. 提升贸易报复能力	1. 传统贸易收益与稳定的大国市场 2. 获得投资与促进经济增长 3. 进入大国市场
非经济利益	1. 获得区域主导权 2. 推进意识形态与政治制度的扩张 3. 巩固周边战略安全 4. 谋求全球霸权	1. 提高政府信誉 2. 信息传递作用 3. 增强谈判能力，降低谈判成本 4. 建立机制促进区域协调发展 5. 获得稳定的区域性公共产品供给

资料来源：根据相关文献整理。

　　新区域主义的发展催生了面碗效应，面碗效应的加剧又打破了由单个大国主导一个地区 RTAs 的新区域主义模式，代之以几个大国和经济集团在同一地区分别组建 RTAs，小国则选择加入一个或者多个 RTAs。尽管经济体的收益目标并没有改变，但由于大国的区域主导权被面碗效应侵蚀而出现收益减少；小国虽能加入多个 RTAs 以提升收益，但面碗效应导致的成本增长抵消了这些收益。因此，经济体的收益被日益加强的面碗效应削弱，维持原有收益的最好办法就是打破 RTAs 的排他性与封闭性，这就是 RTAs 多边化的第一个动因。多边化区域主义继承了新区域主义的收益目标，但获取方式因面碗效应存在而有所调整。正如 Baldwin（2006）所指出的，多边化区域主义是推动区域主义走向多边主义的关键一步，面碗效应在多边化区域主义的诞生中起到了铺路石作用。

2. 多边化区域主义是实现资源国际配置的有效途径

　　GATT/WTO 和 RTAs 都是通过贸易自由化实现资源国际化

配置的制度性安排，跨国公司则是资源配置国际化的主体。二战结束以来，RTAs 和 GATT/WTO 曾经交替主导资源的跨国配置（Baldwin，2006）。进入 21 世纪以后，由于多边贸易谈判进程踯躅不前，区域主义在国际资源配置中的作用更为明显。但面碗效应的出现导致跨国公司的资源国际化配置功能面临两难：既要在全球范围内最有效率地配置资源，实现规模经济和利润最大化；又要在市场准入和生产环节方面应对不同 RTAs 的市场准入条件和原产地规则，这既提高了跨国公司资源配置的成本，也损害了经济体的利益。因此，在面碗效应使 RTAs 难以有效进行资源国际化配置的局面下，统一不同 RTAs 中的规则就成为亟待解决的问题。多边化区域主义在统一规则方面正好满足这种需要，这正是 RTAs 多边化的第二个动因。

三　多边化区域主义的表现

近年来，WTO 推出了"区域贸易协定新透明化机制"，目的是减少面碗效应并引导 RTAs 向多边化方向发展。现实中，多边化区域主义也进展迅速，主要表现在以下几方面。

1. 单个 RTAs 的范围不断扩大

多边化区域主义的表现之一是单个 RTAs 范围的扩大。不同 RTAs 签订不同的优惠贸易协定会产生两种结果：一是导致小规模的 RTAs 被兼并和失效，如 2004 年欧盟成员国由 15 个扩大到 25 个，这使得原有的 65 个区域安排失效。二是 RTAs 的封闭性被打破，形成规模更大的洲际性 RTAs，1994 年欧洲共同体与欧洲自由贸易联盟五国共同组成欧洲经济区,使欧洲成为统一的自由贸易区;美国极力推动美洲自由贸易区(FTAA)的谈判,计划将整个美洲地区包括在这个庞大的自由贸易区内。此外,如果 RTAs 能跨洲发展,那么区域贸易安排将向全球贸易自由化大幅靠近,跨大西洋自由贸易区和亚太自由贸易区构想体现了这种趋势。

2. 不同 RTAs 的规则出现统一趋势

RTAs 间的协调使得区域规则逐渐统一,这是 RTAs 多边化的第二种表现方式。就 RTAs 协议中最重要的原产地规则而言,1997 年欧盟实施了"泛欧累积制度"(PECS),统一了欧洲共同体与欧洲自由贸易联盟和中东欧国家分别签署的双边 RTAs 中的原产地规则,这样双边 RTAs 内部的原产地规则就具有多边性质。在亚太地区,APEC 提出了成员方组建的 RTAs 示范条款,目的也是协调 RTAs 规则的统一,以便减少成员方利用优惠协议的成本。

3. RTAs 引入最惠国待遇原则

为支持 RTAs 的发展,1994 年 WTO 通过的《关税及贸易总协定》第 24 条将 RTAs 的优惠贸易安排作为最惠国待遇原则的例外处理,这是 RTAs 排他性优惠机制的基础。但是,近年来不少 RTAs 相继开始在投资、服务贸易和货物贸易领域引入最惠国待遇原则。其中,《欧盟－加勒比论坛国经济伙伴关系协议》最具有历史性突破意义,它规定了货物贸易协议之间的最惠国待遇机制,要求双方在协议签署后与任何第三方达成的自由贸易协定所适用的任何优惠待遇给予对方。最惠国待遇原则的引入是 RTAs 多边化最引人注目的表现，它不仅极大打破了 RTAs 的封闭性，而且严重动摇了国际经济一体化赖以生存的法律基础，成为区域主义连接多边主义的桥梁。

四 多边化区域主义在全球范围内的实践与发展

多边化区域主义诞生以来，已在世界各地进行了广泛实践，这些实践也为多边化区域主义理论带来具有不同区域特色的新发展，对未来全球经济一体化产生了深刻影响。

1. 多边化区域主义在欧洲的发展

欧洲是新区域主义最早的实践者之一。1994 年欧洲共同体与欧洲自由贸易联盟中的奥地利、芬兰、冰岛、挪威和瑞典五国共同组成了当时世界上最大的自由贸易区——欧洲经济区。欧盟东扩是多边化区域主义的典型案例，2004 年欧盟第一次东扩结束，其成员国由 15 个扩大到 25 个，RTAs 规模进一步扩大，同时导致新成员国与旧成员国之间、新成员国与其他国家间实施的大量双边贸易协定作废。然而在 2003 ~ 2004 年 WTO 多哈回合谈判严重受阻之后，欧盟将贸易政策的重点从多边机制谈判转向推动区域或双边贸易协定，尤其是发挥双边贸易协定的作用。欧盟也进行了一部分多边化区域主义的实践探索。2013 年 6 月，以美欧为主的《跨大西洋贸易与投资伙伴关系协定》（TTIP）谈判正式启动，其主要内容涵盖非关税壁垒、市场准入、规章问题，以及海关便利化、知识产权、竞争政策、环境与劳工、能源和原材料等议题（叶斌，2014）。不同于传统的自由贸易协定，该协定致力于整合规则并制定统一规范的技术产品标准。美欧希望通过建立高标准、高质量的多边化区域贸易平台，加强其在全球贸易规则制定中的话语权和领导地位，以应对新兴市场国家发起的挑战。然而，这一协定的谈判进展并不顺利，美欧在开放服务业、金融业、农业、政府采购等领域存在较大分歧，其中部分条款也引起了民众的反对和抗议，谈判进展十分缓慢。

2. 多边化区域主义在美洲的发展

20 世纪 90 年代以来，美洲国家和经贸组织积极发展与其他国家和集团的经贸关系，除了美国、加拿大等发达国家外，众多拉美国家也深入参与到各种 RTAs 的建设之中。其中比较有代表性的有"南方共同市场"（MERCOSUR）和"美洲自由贸易区"（FTAA）。南方共同市场是南美洲地区最大的经济一体化组织，也是世界上第一个完全由发展中国家组成的共同市场。1991 年 3 月 26 日，阿根廷、巴西、乌拉圭和巴拉圭四国总统在巴拉圭首都亚松森签署《亚松森条约》宣布建立南方共同市场，同年 11 月 29 日条约正式生效。此后，南方共同市场先后接纳智利（1996 年）、玻利维亚（1997 年）、秘鲁（2003 年）、厄瓜多尔（2004 年）和哥伦比亚（2004 年）等国为其联系国[1]。2003 年 12 月，南方共同市场与安第斯共同体[2]正式签署自由贸易协议，商定在未来 10～15 年内逐步取消关

---

[1] 《南方共同市场概况》，中国外交部，https://www.fmprc.gov.cn。

[2] 1969 年 5 月，秘鲁、玻利维亚、厄瓜多尔、哥伦比亚和智利政府代表在波哥大签署了《卡塔赫纳协定》。同年 10 月 16 日，该协定生效。因成员国均系安第斯山麓国家，故称其为安第斯集团或安第斯条约组织。1996 年 3 月更名为安第斯共同体。

税，消除贸易壁垒，并自 2004 年 4 月开始制定减免关税产品清单。南方共同市场还先后启动同欧盟、加拿大、韩国、新加坡的自贸谈判。此外，美洲还曾就建立"美洲自由贸易区"（FTAA）进行多轮谈判磋商，1994 年迈阿密美洲 34 国首脑会议决定，到 2005 年建立起一个 GDP 年总值达 14 万亿美元、覆盖 8 亿人口的大型自由贸易区。但由于美国与巴西等发展中国家在市场准入、农业和知识产权等方面存在较大分歧，谈判始终难以达成共识，使得该区域贸易协定未能最终落地，而被一些多边与双边自由贸易谈判替代。许多美洲国家也积极参与跨太平洋自贸协定，如美国、智利、秘鲁等国家加入了《跨太平洋伙伴关系协定》（TPP）。

3. 多边化区域主义在亚太地区的发展

亚太地区是区域经济合作最活跃的区域之一。到 2021 年 2 月，亚洲经济体与区域内外经济体签订生效的区域贸易协定共有 186 个，占全球区域贸易协定总数的 54.9%，亚太区域经济合作取得了显著进展①。自 1992 年开始探索建设"东盟自贸区"（AFTA），并于 2002 年正式启动后，东盟分别与中国、日本、印度、韩国、澳大利亚和新西兰签署了自由贸易协定，形成了 6 个"10 + 1"的 FTA 模式。2002 年，东亚"10 + 3"领导人会议②上提出了关于建设"东亚自由贸易区"（EAFTA）的设想，并从 2004 年开始进行可行性研究，但并

---

① 《可持续发展的亚洲与世界 2021 年度报告》，博鳌亚洲论坛，https://www.boaoforum.org。

② 即东盟与中日韩领导人会议。

未取得进展。2006 年，日本提出在"10 + 3"基础上加入印
度、澳大利亚、新西兰，建立"东亚全面经济伙伴关系"
（CEPEA），形成"10 + 6"模式①。2005 年，文莱、智利、新
西兰、新加坡四国发起《跨太平洋战略经济伙伴关系协定》
（TPSEP）谈判，2008 年以来美国、日本、澳大利亚等国先后
加入谈判，2016 年，《跨太平洋伙伴关系协定》（TPP）正式
签署。此外，还有 2006 年美国提出的"亚太自由贸易区"
（FTAAP）、在美国退出 TPP 后剩余 11 国重新签署的《全面与
进步跨太平洋伙伴关系协定》（CPTPP）以及 2022 年 1 月 1 日
已经正式生效的《区域全面经济伙伴关系协定》（RCEP），这
些区域贸易协定的内容都将放在本书第五章进行详细分析，
此处不再赘述。

第三节　中国自由贸易区战略的历史背景
与发展路径

中国的贸易自由化进程始于 1978 年的改革开放，之后的
40 多年时间内中国经济越来越紧密地融入全球经济体系。中
国的贸易自由化进程也在单边、多边和双边轨道有序推进。
2001 年中国加入世界贸易组织，正式进入多边贸易自由化轨
道。几乎同时，中国与东盟提出建立中国 – 东盟自由贸易区，

---

① 在"10 + 3"合作机制下，东盟十国与中、日、韩三国每年定期举行外长会议、
财长会议、领导人会议等，讨论经贸、政治、安全等合作议题，推动东亚国家
间的对话与合作。

这是中国自由贸易区建设的开端。

一 中国自由贸易区战略的提出与发展

1. 中国自由贸易区战略的提出

2002年11月，《中国－东盟全面经济合作框架协议》签署，中国－东盟自由贸易区建设正式启动，这是中国对外商建的第一个自贸区，也是发展中国家间最大的自贸区[①]，中国正式拉开了自贸区建设的序幕。2007年党的十七大报告正式提出"实施自由贸易区战略，加强双边多边经贸合作"。自中共十七大将自由贸易区建设上升为国家战略以来，中国自由贸易区建设稳步发展，先后同新西兰、新加坡、秘鲁、哥斯达黎加等国家和地区签署和实施了自由贸易协定。

2. 中国自由贸易区战略的发展

在我国自贸区建设实践不断推进的基础上，2012年党的十八大报告提出"统筹双边、多边、区域次区域开放合作，加快实施自由贸易区战略，推动同周边国家互联互通"[②]；2013年召开的党的十八届三中全会提出"加快自由贸易区建设。坚持世界贸易体制规则，坚持双边、多边、区域次区域开放合作，扩大同各国各地区利益汇合点，以周边为基础加快实施自由贸易区战略。改革市场准入、海关监管、检验

---

① 《中国－东盟贸易实现跨越式发展》，中国自由贸易区服务网转商务部网站，http://fta.mofcom.gov.cn/article/fzdongtai/202111/46306_1.html。

② 《胡锦涛在中国共产党第十八次全国代表大会上的报告》，cpc.people.com.cn/n/2012/1118/c64094-19612151.html。

检疫等管理体制，加快环境保护、投资保护、政府采购、电子商务等新议题谈判，形成面向全球的高标准自由贸易区网络"①。2015 年 12 月发布的《国务院关于加快实施自由贸易区战略的若干意见》（以下简称《意见》）则是首个较为详尽地描述我国 FTA 战略的官方文件，它从短期和中长期两个方面对我国自由贸易区建设提出要求：就 FTA 签署地范围和布局来讲，强调建设从周边国家和地区到全球范围的自由贸易区网络；就 FTA 的内容和标准等方面，强调在市场准入、环境保护、竞争政策、国内法规以及劳工标准等条款内容上不断补充，以便实现更高层次的贸易自由化、便利化以及贸易规则的高质量高标准。《意见》指出，要进一步优化自由贸易区建设布局：加快构建周边自由贸易区；积极推进"一带一路"沿线自由贸易区建设；逐步形成全球自由贸易区网络。同时要加快建设高水平自由贸易区：提高货物贸易开放水平；扩大服务业对外开放；加快发展对外文化贸易；放宽投资准入；推进规则谈判；提升贸易便利化水平；推进规制合作；推动自然人移动便利化；加强经济技术合作；等等。在一段时间内，中国先后同冰岛、瑞士、韩国、澳大利亚及格鲁吉亚等国签署了 FTA，并启动了《区域全面经济伙伴关系协定》（RCEP）、中日韩自贸区谈判，以及同斯里兰卡、以色列等国的 FTA 谈判，中国自贸区战略加速推进。

---

① 《中共中央关于全面深化改革若干重大问题的决定》，https://news. 12371. cn/
2013/11/15/ARTI1384512952195442. shtml。

在中央文件的指导下，我国自贸区建设进入全面发展时期。2017 年党的十九大提出打造"立足周边、辐射'一带一路'、面向全球"的高标准自由贸易区网络，在坚持共商、共建、共享、共赢等核心理念基础上，推动形成全面开放新格局①。2019 年党的十九届四中全会进一步提出"坚持互利共赢的开放战略，推动共建'一带一路'高质量发展，维护完善多边贸易体制，推动贸易和投资自由化便利化，推动构建面向全球的高标准自由贸易区网络"②。在这一阶段，中国签署的 FTA 主要包括：中国 – 马尔代夫 FTA、中国 – 毛里求斯 FTA、中国 – 柬埔寨 FTA。

3. 新时期的自由贸易区提升战略

进入新时代、新发展阶段的"十四五"时期，面对全球区域经济加速调整、中国加快构建新发展格局的新形势，加快实施自由贸易区战略是中国新一轮对外开放的重要举措。"十四五"规划纲要明确提出"实施自由贸易区提升战略，构建面向全球的高标准自由贸易区网络。优化自由贸易区布局，推动区域全面经济伙伴关系协定实施，加快中日韩自由贸易协定谈判进程，稳步推进亚太自贸区建设。提升自由贸易区建设水平，积极考虑加入《全面与进步跨太平洋伙伴关系协

---

① 《决胜全面建成小康社会　夺取新时代中国特色社会主义伟大胜利——在中国共产党第十九次全国代表大会上的报告》，www. gov. cn/zhuanti/2017 – 10/27/content_5234876. htm。

② 《中共中央关于坚持和完善中国特色社会主义制度　推进国家治理体系和治理能力现代化若干重大问题的决定》，www. xinhuanet. com/politics/2019 – 11/05/c_1125195786. htm。

定》，推动商签更多高标准自由贸易协定和区域贸易协定"①。

2022 年 1 月，国务院办公厅发布《关于促进内外贸一体化发展的意见》，再次提出"推进实施自由贸易区提升战略，与更多贸易伙伴商签自由贸易协定。加强国内市场规则与国际通行贸易规则对接，做好贸易政策合规工作，在贸易自由化便利化、知识产权保护、电子商务、招标投标、政府采购等方面实行更高标准规则，更好联通国内国际市场，促进企业拓展内外贸业务"②。我国加快推动与挪威、智利、新加坡、新西兰、韩国、瑞士等国的自贸协定升级谈判进程，并与其他 14 个成员国成功签署《区域全面经济伙伴关系协定》（RCEP）。

2022 年 1 月 1 日，RCEP 在文莱、柬埔寨、老挝、新加坡、泰国、越南 6 个东盟成员国和中国、日本、新西兰、澳大利亚 4 个非东盟成员国正式生效，是我国实施自贸区提升战略的一个重要里程碑。它意味着全球人口最多、经贸规模最大的自贸区正式落地，也使我国缔结的自贸协定总数达到 19 个，自由贸易协定伙伴扩展到 26 个。我国继续推动加入《全面与进步跨太平洋伙伴关系协定》（CPTPP）和《数字经济伙伴关系协定》（DEPA），进一步推动中日韩自贸协定谈判，以及与海合会、以色列、厄瓜多尔等的自贸协定谈判。推动自贸区建设扩围、提质、增效，构建面向全球的高标准自贸区网络。实施自由贸易区提升战略，已然成为我国全面

---

① 《中华人民共和国国民经济和社会发展第十四个五年规划和 2035 年远景目标纲要》，http://www.gov.cn/xinwen/2021 - 03/13/content_5592681.htm。

② 《国务院办公厅关于促进内外贸一体化发展的意见》，国办发〔2021〕59 号。

深化改革、构建开放型经济新体制、形成全面开放新格局的必然选择和重要抓手。

二 中国推进自由贸易区战略的特点

1. 签署的自由贸易协定数量不断增加

目前，中国已先后签署 19 个自由贸易协定，与 26 个经济体建立了自由贸易关系，已经规范了中国近 35% 的对外贸易流量[①]。此外，还有大批自由贸易协定处于谈判和谈判前准备阶段，如表 1-2 所示。中国已经签署的 FTAs 多集中于亚太地区，其中与发达经济体签订共建的 FTAs 有 7 个，有意向签署或者正在谈判阶段的 FTAs 伙伴经济体也呈现多元化。显而易见，中国正积极实现不同层次区域合作，加速 FTAs 网络的扩展。在这样的战略布局下，《区域全面经济伙伴关系协定》（RCEP）的签署和生效实施，无疑具有重大意义。RCEP 包括 20 个章节，涵盖货物、服务、投资等全面的市场准入承诺，由中国、东盟 10 国、日本、韩国、澳大利亚、新西兰 15 个经济体共同签署。RCEP 现有成员国总人口、经济体量、贸易总额均约占全球总量的 30%，且覆盖了东亚生产网络的众多环节，具有巨大的发展潜力。目前，RCEP 已取得阶段性成果，未来仍有向更多领域、更高水平经贸规则进行深入探索的空间，将持续促进区域产业链供应链稳定，提高区域一体化水平。

[①] 中国自由贸易区服务网，http://fta.mofcom.gov.cn/index.shtml，访问时间：2022 年 7 月 10 日。

表 1 - 2　中国签署自由贸易协定的进程

状态	协定方	签订日期	生效日期
已签协定	中国内地 - 中国香港	2003 年 6 月	2004 年 1 月
	中国内地 - 中国澳门	2003 年 10 月	2004 年 1 月
	中国 - 东盟*	2004 年 11 月（G） 2007 年 1 月（S） 2009 年 8 月（I）	2005 年 1 月（G） 2007 年 7 月（S） 2010 年 2 月（I）
	中国 - 智利	2005 年 11 月（G） 2008 年 4 月（S） 2012 年 9 月（I）	2006 年 10 月（G） 2010 年 8 月（S） 2012 年 9 月（I）
	中国 - 巴基斯坦	2006 年 11 月（G） 2009 年 2 月（S）	2007 年 7 月（G） 2009 年 10 月（S）
	中国 - 新西兰	2008 年 4 月	2008 年 10 月
	中国 - 新加坡	2008 年 10 月	2009 年 1 月
	中国 - 秘鲁	2009 年 4 月	2010 年 3 月
	中国 - 哥斯达黎加	2010 年 4 月	2011 年 8 月
	中国 - 冰岛	2013 年 4 月	2014 年 7 月
	中国 - 瑞士	2013 年 7 月	2014 年 7 月
	中国 - 韩国	2015 年 6 月	2015 年 12 月
	中国 - 澳大利亚	2015 年 6 月	2015 年 12 月
	中国 - 东盟升级	2015 年 11 月	2019 年 10 月
	中国 - 格鲁吉亚	2017 年 5 月	2018 年 1 月
	中国 - 智利升级	2017 年 11 月	2019 年 3 月
	中国 - 马尔代夫	2017 年 12 月	待定
	中国 - 新加坡升级	2018 年 11 月	2019 年 10 月
	中国 - 巴基斯坦第二阶段	2019 年 4 月	2019 年 12 月

状态	协定方	签订日期	生效日期
已签协定	中国－毛里求斯	2019 年 10 月	2021 年 1 月
	中国－柬埔寨	2020 年 10 月	2022 年 1 月
	《区域全面经济伙伴关系协定》（RCEP）	2020 年 11 月	2022 年 1 月
	中国－新西兰升级	2021 年 1 月	2022 年 4 月
正在谈判（共10 个，涉及15 个国家和地区）	中国－海合会	2004 年 7 月启动谈判	
	中国－挪威	2008 年 9 月启动谈判	
	中日韩	2013 年 3 月启动谈判	
	中国－斯里兰卡	2014 年 9 月启动谈判	
	中国－以色列	2015 年 3 月启动谈判	
	中国－摩尔多瓦	2017 年 12 月启动谈判	
	中国－巴拿马	2018 年 6 月启动谈判	
	中国－韩国第二阶段	2018 年 3 月启动谈判	
	中国－巴勒斯坦	2018 年 10 月启动谈判	
	中国－秘鲁升级	2019 年 4 月启动谈判	
正在研究（共8 个，涉及 9个国家和地区）	中国－哥伦比亚	2012 年 5 月启动联合可行性研究	
	中国－斐济	2015 年 11 月启动联合可行性研究	
	中国－尼泊尔	2016 年 3 月启动联合可行性研究	
	中国－加拿大	2017 年 2 月启动联合可行性研究	

续表

状态	协定方	签订日期	生效日期
正在研究的自贸区（共8个，涉及8个国家和地区）	中国－蒙古国	2017年5月启动联合可行性研究	
	中国－瑞士升级	2017年5月启动联合可行性研究	
	中国－孟加拉国	2018年6月中方提出推进可行性研究	
	中国－巴布亚新几内亚	2019年4月中方提出推进可行性研究	

　　*《中国－东盟全面经济合作框架协议》在2002年11月签署，《中国－东盟全面经济合作框架协议货物贸易协议》在2004年11月签署。

　　注：G为货物（Goods），S为服务（Service），I为投资（Investment），若未特别标注，则表示该自由贸易协定为货物、服务、投资一揽子协议。

　　资料来源：中国自由贸易区服务网（http://fta. mofcom. gov. cn/index. shtml），统计截止日期为2022年11月1日。

2. 自由贸易区建设布局得到进一步优化

　　《国务院关于加快实施自由贸易区战略的若干意见》对我国自由贸易区建设的具体规划和部署得到了有效落实。近几年，中国与周边越来越多的毗邻国家或者地区建立了自由贸易区，成员方的地理范围不断向欧洲、大洋洲、南美洲等延伸，并逐步朝着向全球扩展的目标前进。这也表明我国的自由贸易区建设具有地缘政治性、战略协同等内在显著特征。其中，现阶段"一带一路"倡议与我国自由贸易区战略具有战略协同关系。"一带一路"建设以沿线国家互联互通以及全面的经贸合作为核心目标，是我国自由贸易区战略探索和实施的重要平台。通过"一带一路"建设的有序落实，可以使我国自由贸易区建设进程的方向更加明确，也为我国自贸区建设谈判和协定签署奠定了诸如基础设施建设等国家互联互通的基础。截至 2021 年底，中国已分别同非洲 37 个经济体、亚洲 35 个经济体、欧洲 24 个经济体、大洋洲 9 个经济体、南美洲 7 个经济体、北美洲 11 个经济体签署了 170 份国家或地区间共建"一带一路"合作文件①。"一带一路"建设的纵深推进，也使得我国自贸区建设的数量不断增加。

3. 自由贸易协定条款涉及的内容不断深化

综观中国自由贸易区战略发展历史，可以发现中国自由贸易协定条款涉及的领域在不断扩大（见表 1-3）。在早期，中国与东盟、巴基斯坦以及智利签署的自由贸易协定仅涉及货物、服务、投资三个领域。自 2007 年自由贸易区建设被提升为国家战略后，中国的自由贸易区建设进入加快发展阶段，协议条款涉及的领域也在不断丰富。这之后签署的自由贸易协定不乏第二代贸易议题（WTO-X）②，例如知识产权、环境保护、竞争政策等。2018 年中美贸易摩擦加剧，全球贸易保护主义席卷而来，中国正在不断深化合作内容，努力谋求地区甚至全球国际贸易规则的重新塑造。

---

① 中国一带一路网，https://www.yidaiyilu.gov.cn/xwzx/roll/77298.htm，访问时间：2019 年 1 月 20 日。
② Horn 等（2010）将 RTAs 条款分为"WTO +"和"WTO-X"。其中，"WTO +"是指 RTAs 对 WTO 框架涉及和达成协议的相关领域给予更高的承诺和规则标准。"WTO-X"是指 RTAs 引入 WTO 框架中尚未涉及的问题。

表1-3　中国自由贸易协定条款内容

协定	签署时间	条款涉及的主要领域
中国-东盟	2002年11月	货物贸易、服务贸易以及投资
中国-智利	2005年11月	货物贸易、服务贸易以及投资
中国-巴基斯坦	2006年11月	货物贸易、服务贸易
中国-新西兰	2008年4月	货物贸易、服务贸易、投资、海关程序与合作、卫生与植物卫生措施、自然人移动、透明度、原产地规则及操作、知识产权、贸易救济、技术性贸易壁垒
中国-新加坡	2008年10月	货物贸易、服务贸易、卫生与植物卫生措施、自然人移动、投资、原产地规则、海关程序、技术性贸易壁垒、贸易救济
中国-秘鲁	2009年4月	服务贸易、投资、卫生与植物卫生措施、技术性贸易壁垒、海关程序及贸易便利化、原产地规则、商务人员临时入境、货物的国民待遇及市场准入、贸易救济、知识产权、透明度
中国-哥斯达黎加	2010年4月	服务贸易、投资、卫生与植物卫生措施、技术性贸易壁垒、海关程序、原产地规则、商务人员临时入境、货物的国民待遇、市场准入、贸易救济、知识产权、透明度
中国-冰岛	2013年4月	货物贸易、服务贸易、投资、海关程序与贸易便利化、原产地规则、知识产权、竞争
中国-瑞士	2013年7月	货物贸易、服务贸易、投资、卫生与植物卫生措施、技术性贸易壁垒、海关程序与贸易便利化、原产地规则、贸易救济、竞争政策、知识产权、环境保护、经济技术合作
中国-韩国	2015年6月	服务贸易、投资、国民待遇与市场准入、原产地规则、海关程序与贸易便利化、卫生与植物卫生措施、技术性贸易壁垒、贸易救济、竞争政策、知识产权、自然人移动、环境与贸易、经济技术合作、透明度、金融服务、电信、电子商务

协定	签署时间	条款涉及的主要领域
中国－澳大利亚	2015 年 6 月	货物贸易、服务贸易、投资、原产地规则、海关程序与贸易便利化、卫生与植物卫生措施、技术性贸易壁垒、贸易救济、知识产权、自然人移动、电子商务、透明度
中国－格鲁吉亚	2017 年 5 月	货物贸易、服务贸易、原产地规则、海关程序与贸易便利化、卫生与植物卫生措施、技术性贸易壁垒、贸易救济、环境与贸易、竞争政策、知识产权、透明度
中国－智利升级	2017 年 11 月	新增：货物的国民待遇和市场准入、原产地规则及与原产地规则相关的程序、贸易救济、卫生和植物卫生措施、技术性贸易壁垒、透明度
中国－马尔代夫	2017 年 12 月	货物贸易、原产地规则与实施程序、海关程序与贸易便利化、技术性贸易壁垒、卫生与植物卫生措施、贸易救济、服务贸易、投资、经济技术合作、透明度
中国－新加坡升级	2018 年 11 月	新增：电子商务、竞争政策和环境
RCEP	2020 年 11 月	货物贸易、服务贸易、投资、原产地规则、海关程序和贸易便利化、卫生与植物卫生措施、标准、技术法规和合格评定程序、贸易救济、电子商务、自然人临时移动、知识产权、电子商务、竞争政策、中小企业、经济技术合作、政府采购、争端解决

注：未将内地与港澳关于建立更紧密经贸关系的安排（CEPA）条款涉及领域加以说明。

资料来源：根据中国自由贸易区服务网整理得到，http://fta.mofcom.gov.cn/，访问时间：2022 年 6 月 20 日。

第四节　中国自由贸易区战略与中国对外贸易

　　新中国成立以来，中国的对外开放取得了巨大的成就。特别是 1978 年党的十一届三中全会以后，由于对外开放战略的确定和国民经济的迅速发展，对外贸易进入了全新的发展时期。

一　改革开放以来中国对外贸易的发展历程

1. 外贸进出口总体发展变化

　　（1）改革开放后的转型时期（1978 ~ 2001 年）。党的十一届三中全会确立了改革开放的总体战略，提出将对内改革和对外开放作为基本国策。中国对外贸易发展战略由改革开放前的进口替代逐渐转向进口替代与出口导向相结合。1980 年，全国人大常委会审议批准建立深圳、珠海、汕头、厦门四个经济特区，并批准公布《广东省经济特区条例》，对外贸易政策在试点区域中逐渐放开。1984 年以来，中国陆续开放了 14 个沿海城市，建立起一批经济技术开发区。1988 年，我国开始实行沿海开放战略，提出了"两头在外，大进大出"的方针，促进了沿海地区外向型经济的快速发展。1990 年 6 月，经中央批准，在上海创办了中国第一个保税区——上海外高桥保税区。

　　1992 年邓小平发表"南方谈话"后，中国对外开放的步伐不断加快。1992 年后，保税区建设进展迅速，国务院陆续批准设立了 14 个保税区和 1 个享有保税区优惠政策的经济开发区。除此以外，国家还对贸易体制进行了改革，包括减少对外贸的直接控制、下放外贸经营权和进口定价权，并在贸易保护方式上逐步实施关税和非关税壁垒来取代计划经济手段。持续深化推进外贸管理体制和经营机制改革，通过完善出口退税制度、设立进出口银行、按现代企业制度模式对国有外贸企业进行改组、启动汇率并轨改革等措施，建立起与对外贸易配套的体制机制。《对外贸易法》等法规陆续颁布和实施，为我国对外贸易发展提供了法律支撑。

在这一时期，中国对外贸易实现了快速增长，1978 年我国货物贸易进出口总额仅为 206 亿美元，其中出口额为 97.5 亿美元，进口额为 108.9 亿美元；而到 2001 年，我国货物贸易总额已经突破 5000 亿美元，增长超过 23 倍，出口额达 2661 亿美元，增长超过 26 倍，进口额达 2435.5 亿美元，增长约 21 倍。

（2）加入 WTO 后的加速发展时期（2002~2012 年）。2001 年中国正式加入世界贸易组织（WTO）后，围绕入世承诺开展对外贸易政策改革，在降低关税、削减非关税壁垒、扩大市场准入、吸引外资等领域取得了重大进展。2002 年党的十六大提出"坚持'引进来'和'走出去'相结合，全面提高对外开放水平。适应经济全球化和加入世贸组织的新形势，在更大范围、更广领域和更高层次上参与国际经济技术合作和竞争，充分利用国际国内两个市场，优化资源配置，拓宽发展空间，以开放促改革促发展"①。

此外，我国还对大量与对外贸易相关的法律法规进行了清理或修订，对外贸易体制更加透明、开放，对外开放水平显著提高，对外贸易发展进一步提速，在此后几乎每3年时间贸易总额就翻一番。2004年，中国外贸进出口总额首次突破1万亿美元大关，达11547.4亿美元，成为我国外贸发展新的里程碑；2005～2007年贸易额又翻了一番，突破2万亿美元；2006年，中国在"十一五"规划中提出了"互利共赢"开放战略，积极发展与周边国家和其他地区的经济技术合作，并积极参与多边贸易谈判，推动区域和双边经济合作，促进全球贸易和投资自由化便利化。

这一阶段我国对贸易发展战略的方向进行了新的调整，全面贯彻实施"科技兴贸"和"以质取胜"战略，加强对出口商品价格、质量和数量的动态监测，构建质量效益导向的外贸促进和调控体系。"十一五"规划强调："加快转变对外贸易增长方式。积极发展对外贸易，优化进出口商品结构，着力提高对外贸易的质量和效益。扩大具有自主知识产权、自主品牌的商品出口，控制高能耗、高污染产品出口"②。2007年党的十七大进一步指出，"完善内外联动、互利共赢、安全高效的开放型经济体系，形成经济全球化条件下参与国际经

---

① 《全面建设小康社会，开创中国特色社会主义事业新局面》，http://www.gov.cn//test/2008－08/01/content_1061490.htm。

② 《中国国民经济和社会发展"十一五"规划纲要（全文）》，www.chinanews.com.cn/news/2006/2006－03－16/8/704064.shtml。

济合作和竞争新优势。深化沿海开放，加快内地开放，提升沿边开放，实现对内对外开放相互促进。加快转变外贸增长方式，立足以质取胜，调整进出口结构，促进加工贸易转型升级，大力发展服务贸易"①。

在全球金融危机的影响下，2009 年中国货物进出口贸易总额有所下降，比 2008 年同期降低 13.9%，但仍然达到 22072.2 亿美元，针对严峻的外贸形势，我国采取了扩大内需、稳定外需、改善融资环境、鼓励企业对外投资等一系列措施；随后几年中国对外贸易迅速摆脱了金融危机的影响，继续保持高速增长，2012 年货物进出口总额达到 38671.2 万亿美元，11 年间对外贸易年均增长率超过 20%。同年召开的党的十八大对开放型经济进行了更为全面的阐述："全面提高开放型经济水平……坚持出口和进口并重，强化贸易政策和产业政策协调，形成以技术、品牌、质量、服务为核心的出口竞争新优势，促进加工贸易转型升级，发展服务贸易，推动对外贸易平衡发展。提高利用外资综合优势和总体效益，推动引资、引技、引智有机结合。"②

（3）向贸易强国迈进时期（2013 年至今）。2013～2015 年，中国连续三年成为全球货物贸易第一大国，尽管在 2016 年被美国以较微弱的优势反超，但中国成为全球重要的贸易

---

① 《高举中国特色社会主义伟大旗帜 为夺取全面建设小康社会新胜利而奋斗——在中国共产党第十七次全国代表大会上的报告》，www.npc.gov.cn/zgrdw/npc/zggcddsbcqgbdh/2012-11/06/content_1742192.htm。
② 《胡锦涛在中国共产党第十八次全国代表大会上的报告》，cpc.people.com.cn/n/2012/1118/c64094-19612151.html。

大国已是不争的事实。

在百年未有之大变局的新时代，中国不能满足于成为贸易大国，更要实现从贸易大国向贸易强国的转变，着重优化对外贸易结构，提高外贸质量。党的十八届五中全会制定的"十三五"规划提出了从贸易大国迈向贸易强国的战略任务，要求以"一带一路"建设为统领，秉持亲诚惠容，坚持共商共建共享原则，开展与有关国家和地区多领域互利共赢的务实合作，打造陆海内外联动、东西双向开放的全面开放新格局；实施优进优出战略，加快对外贸易优化升级；健全对外开放体制机制，营造法治化、国际化、便利化的营商环境①。习近平总书记在党的十九大报告中强调"中国开放的大门不会关闭，只会越开越大"，同时还指出："拓展对外贸易，培育贸易新业态新模式，推进贸易强国建设"②，从"贸易大国"到"贸易强国"，一字之差的背后不仅是我国贸易结构的不断优化，也意味着我国经贸即将进入全新时代。"十四五"规划纲要进一步明确：立足国内大循环，协同推进强大国内市场和建设贸易强国。同时强调"坚持实施更大范围、更宽领域、更深层次对外开放，依托我国超大规模市场优势，促进国际合作，实现互利共赢，推动共建'一带一路'行稳致远，推动构建人类命运共同体"，"实施自由贸易区提升战略，构建

---

① 《中华人民共和国国民经济和社会发展第十三个五年（2016—2020年）规划纲要》，www.12371.cn/special/sswgh/wen/。
② 《决胜全面建成小康社会 夺取新时代中国特色社会主义伟大胜利——在中国共产党第十九次全国代表大会上的报告》，https://www.12371.cn/2017/10/27/ARTI1509103656574313.shtml。

面向全球的高标准自由贸易区网络"[1]。

在这一时期，我国围绕"一带一路"倡议，加快实施自由贸易区建设，加快构建开放型经济新体制，对外开放水平不断提高，国际市场结构更加多元，发展中经济体和新兴市场，特别是"一带一路"国家和地区占我国对外贸易市场份额不断上升。2013～2021年，我国对共建"一带一路"国家进出口总值从6.46万亿元增长至11.6万亿元，年均增长7.5%，占同期我国外贸总值的比重从25%提升至29.7%[2]。新常态下中国进出口贸易总额增长速度放缓，总体保持相对稳定态势，于2017年突破4万亿美元。2021年，在全球新冠肺炎疫情形势严峻，全球贸易受到巨大冲击的情况下，中国对外贸易仍交出了亮眼成绩，中国货物进出口总额达60514.9亿美元，同比增长24.1%。其中，出口额为33639.6亿美元，同比增长21.2%；进口额为26875.3亿美元，同比增长21.2%，分别达到历史高点。具体见图1-1。

2. 中国对外贸易全球地位的变化

在中国外贸规模持续扩大的同时，中国也逐渐成为主要的国际贸易大国，在全球外贸体系中的地位越来越重要。在改革开放前，中国对外贸易发展缓慢，在全球贸易中所占比重及位次很低。1950年中国进出口贸易总额为11亿美元，在

---

[1] 《中华人民共和国国民经济和社会发展第十四个五年规划和2035年远景目标纲要》，https://www.12371.cn/special/ssw2035/。

[2] 《海关总署：2021年我国对"一带一路"沿线国家进出口增长23.6%》，http://finance.people.com.cn/n1/2022/0114/c1004-32331538.html。

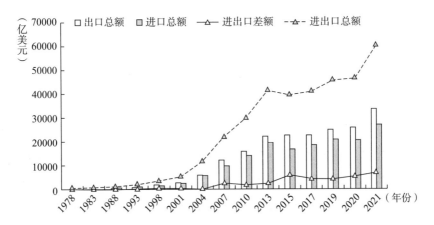

图 1 - 1   1978 ~ 2021 年中国货物进出口额

资料来源：国家统计局数据库，http://data. stats. gov. cn/index. htm。

世界贸易中所占比重为 0.9%，位居全球第 28。1978 年中国在世界贸易中所占比重为 0.8%，位居全球第 29[①]。

改革开放以来，中国进出口贸易的平均增长速度大大高于国民经济的平均增长速度，也大大高于全球贸易的平均增长速度，对外贸易在国民经济中地位不断提高。中国对外贸易的持续增长，尤其是出口贸易的高速增长，使中国对外贸易在全球贸易中所占比例不断提升，在全球贸易中的地位逐渐上升，经济开放度明显提高。

1978 ~ 2009 年，中国对外贸易额年均增长 18.7%，占全球总贸易额的比重从 1978 年的不足 1% 上升到 2009 年的约 8.9%。商务部数据显示，2009 年中国对外贸易额为 22072.2

---

① http://www.wto.org。

亿美元，位居全球第 2；其中进口额达 10055.6 亿美元，全球
排名第 2 位；出口额达 12016.6 亿美元，位居全球第 1。2013
年，中国对外贸易额达 41589.9 亿美元，首次成为货物贸易第
一大国。2016 年，受新兴国家经济明显减速、中国传统比较
优势逐渐削弱的影响，中国贸易总额被美国暂时超越。之后
在中美贸易摩擦及新冠肺炎疫情冲击下，中国对外贸易额仍
逆势增长。2020 年中国成为全球唯一实现货物贸易正增长的
主要经济体，货物贸易第一大国的地位更加巩固。2021 年中
国贸易额达 60514.9 亿美元，再创历史新高，在全球贸易总额
中占比已高达 13.5%。具体见表 1 - 4。

表 1 - 4　1978 ~ 2021 年中国对外贸易在世界贸易中的位次与比重

年份	位次	在世界贸易中所占比重（%）
1978	29	0.8
1985	17	1.4
1992	11	2.3
1997	10	3.3
2001	6	4.4
2003	4	5.5
2004	3	5.8
2007	3	7.2
2008	3	8.0
2009	2	8.9
2013	1	11.0
2016	2	11.4

年份	位次	在世界贸易中所占比重（%）
2018	1	11.7
2020	1	13.1
2021	1	13.5

资料来源：WTO，http：//www.wto.org。

二 中国对外贸易发展的趋势

在中国对外贸易高速发展，贸易规模及其在全球贸易体系中的排名持续攀升的背后，中国的对外贸易正呈现以下趋势。

1. 对外贸易商品结构不断优化

改革开放以来，在进出口贸易规模迅速扩大的同时，中国对外贸易的一个主要特征是进出口商品结构逐渐优化。具体表现在两个方面：一是货物进出口结构不断优化，二是服务贸易结构趋于优化。

在货物贸易方面，出口商品中制成品比例不断升高，初级产品的比例不断下降。20 世纪 50 年代中国主要出口农副产品，从 60 年代开始逐渐转向轻工业产品。出口商品中初级产品的占比从 1980 年的 53.4%下降至 2021 年的 4.2%；工业制成品出口比重则从 1980 年的 46.6%上升至 2021 年的 95.8%。1978 年以来，中国出口商品结构经历了两次大的跨越；第一次是 1986 年，纺织服装取代石油成为中国第一出口产品，标志着中国摆脱了以资源为主的出口结构，进入了劳动密集型制成品为主导的时代；第二次是 1995 年，资本和技术密集度较高的机电产品超过了纺织服装产品成为占比最大的出口产品。加入 WTO 以来，机电产品出口迅速增长，通信设备、手机、电视等产品已成为中国出口的新支柱，标志着出口商品结构的升级。2021 年我国高新技术产品出口额达 63266.0 亿元，同比增长 17.9%；进口额达 54088.1 亿元，同比增长 14.7%。

进口商品结构变动主要表现为初级产品的比重不断上升，制成品的比重不断下降。1985 年我国初级产品进口占比为 17.1%，2000 年上升到 20.8%，到 2021 年达到 36.3%。进口的初级产品主要是中国经济发展急需的短缺资源型产品，如石油、小麦、橡胶等。此外，工业制成品进口总体呈减少趋势，但以信息、通讯类产品为主的高新技术产品进口呈现大幅增长的态势。中国对外贸易的商品结构变化见表 1-5。

表 1-5　1980~2021 年中国进出口商品的结构变化

单位：%

年份	出口		进口	
	初级产品	工业制成品	初级产品	工业制成品
1980	53.4	46.6	34.8	65.2
1985	54.2	45.8	17.1	82.9
1995	14.4	85.6	18.5	81.5
1990	25.7	74.3	18.5	81.5
2000	10.2	89.8	20.8	79.2
2005	6.4	93.6	22.4	77.6

续表

年份	出口		进口	
	初级产品	工业制成品	初级产品	工业制成品
2009	5.2	94.8	28.8	71.2
2015	4.6	95.4	28.1	71.9
2017	5.2	94.8	31.3	68.7
2018	5.4	94.6	32.9	67.1
2021	4.2	95.8	36.3	63.7

资料来源：国家统计局编《新中国 60 年》，中国统计出版社，2009；中华人民共和国商务部网站，http://zhs.mofcom.gov.cn/tongji.shtml。

服务贸易结构在发展中渐趋优化。服务贸易从单纯依靠自然资源、劳动密集型为基础的传统产业向以知识、技术或资本密集型为基础的现代服务产业和传统产业齐头并进。20世纪70年代至80年代初，中国传统服务贸易出口占比接近80%，高附加值服务贸易出口所占份额甚微。经过多年的发展，中国服务贸易全面发展的格局初步形成，旅游、运输等传统服务贸易出口的比重不断下降，通信、保险、金融、计算机和信息服务、咨询、广告等迅速发展。1997年中国计算机和信息服务出口额仅为0.84亿美元，到2009年其出口额达到65亿美元，增长了近76倍；咨询服务1997年出口额为3.5亿美元，2009年达186亿美元，增长了52倍[①]。2021年我国服务贸易持续快速增长，全年服务进出口总额达52982.7亿

---

① 中华人民共和国商务部服务贸易指南网，http://tradeinservices.mofcom.gov.cn/c/2010-05-26/82542.shtml。

元，同比增长 16.1%；其中，服务出口额为 25435 亿元，增长 31.4%；进口额为 27547.7 亿元，增长 4.8%。服务出口增幅高于进口 26.6 个百分点，带动服务贸易逆差下降 69.5% 至 2112.7 亿元，同比减少 4816.6 亿元，为 2011 年以来的最低值[①]。高附加值服务贸易的迅猛发展改善了中国长期以传统服务贸易为主的结构，促进了产业结构和外贸增长方式调整。2021 年我国知识密集型服务进出口总额达 23258.9 亿元，增长 14.4%，服务贸易结构持续优化[②]。

2. 贸易伙伴多元化趋势明显

1978 年以来，中国的贸易伙伴从 40 多个逐渐扩大，到目前已经与 230 多个国家和地区建立了经济贸易关系。但是，中国的主要贸易方向一直非常集中，即欧盟、美国、中国香港、东盟，除了地缘接近的亚洲地区外，中国的主要贸易伙伴还是以发达国家为主。其中，与美日欧的贸易额一直占中国对外贸易总额的 40% 左右。从货物贸易伙伴的排名来看，欧盟整体呈现先升后降的趋势，2002 年中欧贸易在中国货物贸易总额中占比 13.98%，排名第三，2004 年欧盟超过日美成为中国第一大贸易伙伴后，直到 2020 年才被东盟超过；日本在中国对外贸易中的地位逐渐下降，2002~2020 年，中日货物贸易占中国外贸总额的比重从 16.42% 下降至 6.82%，排名也由第一位降至第五位；与日本相反的是，东盟在中国对外贸易

---

① 《商务部：2021 年我国服务贸易持续快速增长》，人民网，fnance. people. com. cn/n1/2022/0131/c1004 - 32344223. html。

② 中华人民共和国商务部商务数据中心，http://data. mofcom. gov. cn/。

中的重要性不断提升，中国与东盟货物贸易占比从 2002 年的
8.82% 上升至 2020 年的 14.7%，2020 年东盟更是一跃成为中
国最大的贸易伙伴；同时，美国与中国香港的位次则较为稳
定（苏庆义，2021）。具体信息见表 1 – 6。值得一提的是，自
习近平总书记提出"一带一路"倡议以来，中国与发展中经
济体和新兴市场，特别是共建"一带一路"国家和地区的贸
易额呈现大幅上升，2021 年我国对共建"一带一路"国家和
地区的进出口总额达 11.6 万亿元，增长 23.6%[①]。综上，我
国外贸进出口对美欧日等发达国家和地区的依赖程度逐渐降
低，外贸伙伴多元化趋势明显。

表 1 – 6　主要国家和地区占中国货物贸易总额的比重
及位次

单位：%

年份	美国		欧盟		日本		东盟		中国香港	
	比重	位次	比重	位次	比重	位次	比重	位次	比重	位次
2002	15.65	2	13.98	3	16.42	1	8.82	5	11.15	4
2005	14.88	2	15.28	1	12.97	3	9.17	5	9.61	4
2010	12.96	2	16.13	1	10.01	3	9.84	4	7.75	5
2015	14.12	2	14.29	1	7.05	5	11.94	3	8.68	4
2020	12.60	3	13.95	2	6.82	5	14.70	1	7.74	4

资料来源：国家统计局数据库，http://data.stats.gov.cn/index.htm。

①《海关总署：2021 年我国对"一带一路"沿线国家进出口增长 23.6%》，http://
finance.people.com.cn/n1/2022/0 114/c1004 – 32331538.html。

3. 自由贸易区战略对中国对外贸易的影响持续上升

本部分统计了自 2002 年中国与东盟签署《中国－东盟全面经济合作框架协议》开始，2002～2021 年中国对 FTAs 伙伴经济体的出口贸易总额及其占中国出口贸易总额份额情况。如图 1－2 所示，一方面，从出口贸易总量来看，2002～2021 年，中国对 FTAs 伙伴的出口贸易整体上呈现逐步上升的态势。2009 年中国对外出口总额为 12016.5 亿美元，同比下降 16%，而对 FTAs 伙伴的出口贸易额为 2890 亿美元，同比下降 10%。相比之下，2008 年金融危机对中国出口 FTAs 伙伴方的贸易流产生的负面影响相对较小。在全球新冠肺炎疫情蔓延的负向冲击下，2021 年中国与 FTAs 伙伴出口贸易逆势增长，达 13007 亿美元。另一方面，从对 FTAs 伙伴出口贸易占比指标来看，2002～2021 年，中国对 FTAs 伙伴出口贸易占比整体上呈现上升趋势。值得注意的是，虽然金融危机使 2008 年中国对 FTAs 伙伴出口贸易占比略有下降，但是中国对 FTAs 伙伴出口贸易占比整体上在 2010 年及以后出现明显提高，2015 年对 FTAs 伙伴出口贸易占比高达 35.20%，2016 年和 2017 年占比略微下降，这种现象的出现主要是由于在全球经济增长疲软背景下，中国外贸发展步入新常态。疫情冲击下，中国对 FTAs 伙伴出口额仍呈增长趋势，2020 年占比达 39.4%。因此，从出口贸易数据上来看，双边及多边 FTAs 的签署，整体上对我国对外出口贸易的平稳高速增长具有促进作用。

具体到每一个 FTAs 伙伴经济体的话，中国大陆签订 FTAs 的贸易效应是存在差异的。FTAs 签订时间越长，FTAs 的出口

图 1 - 2 2000～2021 年中国大陆对外出口以及对 FTAs 伙伴经济体出口情况

注：由于将中国香港、中国澳门的贸易数据算入对 FTAs 经济体的出口，所以这里的中国代表中国内地。

资料来源：笔者根据 UN comtrade 数据库整理计算得到，https://comtrade.un.org/data/，访问时间是 2022 年 7 月 10 日。

贸易促进效应就越大。比如，《中国－智利自由贸易协定》于 2005 年签署，2005～2021 年，中国对智利出口贸易规模逐年扩大，2021 年的出口贸易额为 263 亿美元，是 2005 年的 12 倍左右；中国－秘鲁自由贸易协定于 2009 年签订，截至 2021 年，中国对秘鲁的出口贸易额呈稳步上升趋势，2021 年出口贸易总额为 133 亿美元，是 2009 年出口贸易额的 6 倍左右；然而中国对签署时间较短的 FTAs 伙伴经济体的出口贸易额增长较少，尤其是 2014 年以后建立 FTAs 关系的伙伴国或地区，中国大陆出口贸易额受全球经济增长疲软影响，2014 年后部分年份不但没有增加反而出现了不同程度的降低。

第二章

区域贸易协定政策评估的理论分析

　　二战结束后，区域主义在全球各大洲盛行。区域贸易自由化是重要的合作方式，区域主义背景下贸易政策变化的经济效应评估，逐渐成为国际经济学的主要研究方向。本章将在进行系统文献梳理的基础上，就中国自由贸易区战略对出口产品质量和贸易福利水平的影响建立分析框架，并进行相应的理论分析。

第一节　研究综述

　　根据本书的研究主旨，本节将从区域主义的发展、区域贸易协定对出口产品质量的影响、贸易政策的福利效应评估等方面进行相关的文献梳理。

一 区域主义的理论发展脉络

区域主义的不断发展引发学术界广泛而持久的研究兴趣，其作为一种国际关系理论产生于 20 世纪 50 年代。一般而言，区域主义研究包括政治学方法和经济学方法两大流派，流派内部虽不尽相同，但相互交融，不同理论流派于特定历史时期产生，适用于特定地区。早期区域主义研究集中于欧洲一体化进程。政治学方法中，学者致力于探索实现政治一体化的途径，主流观点包括以 Deutsch 等（1957）为代表的交流主义、以 Haas（1958）为代表的新功能主义及以 Hoffmann（1966）为代表的政府间主义。交流主义旨在探讨如何通过建立政治共同体来避免战争，其将"一体化"视为以政治民主、经济自由、相互广泛交流和多样性为基础的"安全共同体"，"安全共同体"的实现须经历核心区与社会学习、起飞与一体化发展、跨越门槛与共同体形成三个阶段。在功能主义理论的启发下，Haas（1958）提出新功能主义理论，认为高水平和日益增强的相互依存将促进合作的持续，并最终产生政治一体化。不同于自由主义视角，Hoffmann（1966）提出的政府间主义基于现实主义，认为民族国家和政府在欧洲一体化进程中发挥着主导核心作用，强调欧洲一体化与国家的外部性密不可分。

经济学方法中，学者着重研究国际经济一体化组织的成立对成员方及区域外国家的影响，以关税同盟理论为核心，聚焦对贸易流和贸易条件的影响。Viner（1950）在《关税同盟问题》中用局部均衡分析考察了关税同盟对贸易流动的影响，认为关税同盟的福利效应就是贸易创造和贸易转移共同作用的结果，成为效应分析的基础。Arndt（1968）通过局部均衡模型分析了关税同盟的贸易条件效应，并总结了一国加入关税同盟后贸易条件变化与福利水平之间的关系。为使理论分析更接近现实经济环境，经济学家们通过增加更多的商品和更多的国家以实现新古典的一般均衡分析（Riezman，1979；McMillan and McCann，1981；Lloyd，1982）。在大量研究中，经济学家已经得出结论：从规范的观点看，区域贸易协定并不一定是积极的，即使对成员本身而言，无论是出于经济目的（如规模经济）、政治目的（如民族主义的雄心）还是文化目的，区域贸易协定并不一定能提高全球福利水平和成员方的福利水平，即当帕累托最优（如基于多边自由贸易协定）的必要条件不能满足时，改善其中一个条件（如实行区域贸易协定），并不一定能使福利得到增进。此外，在货币及金融领域合作的潮流下，货币区域主义研究涌现，以最佳货币区理论为典型代表。

20世纪90年代以来，伴随新区域主义实践在全球范围内的蓬勃发展，区域主义理论研究在经历20世纪70年代的衰退后开始复兴，发展为新区域主义。政治学中，在前人研究基础上，新区域主义理论研究形成了包括新现实主义、新古典现实主义、新自由制度主义和自由政府间主义等理性主义理论，新区域主义方法、世界秩序方法等反思主义流派以及建构主义在内的多样化局面，又逐步呈现出建立在理论、历史、现实与比较方法之上的综合化发展趋势（郑先武，2006）。其中新古典现实主义融合政府间主义与现实主义理论，试图从国家内部因素来解释国家行为，Lake 和 Morgan（1997）使用全球—区域—国内"三层博弈"的互动分析方法研究区域体系的变化及其对区域秩序建设进程的影响；新自由制度主义则吸收新功能主义的核心观点；政府间主义与新功能主义结合形成了自由政府间主义，以 Andrew（1995）为代表，其将一体化进程解释为国家偏好形成、国家间谈判和制度选择三个阶段。

综上，理性主义主要基于欧洲、北美和亚太等区域主义的"核心区"，更加关注国家中心的本体论、物质因素，尤其是利益和制度因素的重要性。反思主义和建构主义则弥补了理性主义对非洲、拉美等发展中地区研究的缺失，建构主义强调观念的重要作用；以 Hettne 等（1999）为代表的反思主义流派以"区域性"和"区域间性"为理论基石，描述了以"核心—中间—外围"三大区域结构为核心、以"安全、发展和生态可持续性"为价值准则，涉及经济、政治、安全、社会、文化、环境等多纬度内容，以及全球、区域、国家和次国家等多层次动力的"新区域主义"世界秩序新图景。

国内学者中，李向阳（2003）基于新区域主义理论模型进行拓展，分析了政治因素在大国目标函数中的地位、自由贸易区与大国国际谈判能力的关系及大国竞争对小国参与自由贸易区的影响，指出政治考虑是自由贸易区的前提条件，大国之所以力求获得区域内主导权，是为了增加其在多边贸易谈判中的筹码，进而获得国际经济规制制度的主导权。马树生和刘厚俊（2004）认为大国推进区域经济合作，实质上是为了谋求对自身有利的一种纳什均衡，并已成为当今大国之间竞争的一种重要手段与策略，面对日益强大的欧盟集团和以美国为中心的拉美集团，东亚区域大国合作势在必行。

经济学中，新区域主义的研究不再局限于商品贸易和价格，而是基于不完全竞争理论、利益集团、发展战略理论及区域主义与多边主义的关系等，在更广泛的视野内探讨区域经济合作问题。Winters 和 Chang（2000）基于 Bertrand 价格竞争模型，探究西班牙加入欧洲共同体对经合组织主要供应商进口价格的影响，结果表明相对于合作伙伴出口，加入西班牙降低了非合作伙伴出口到西班牙的价格。Grossman 和 Helpman（1995）将自由贸易谈判描述为一个向各国利益集团提供充分平衡的过程，提出自由贸易区的设立是为了保证每个成员方都有足够数量的出口商从贸易协议中获得利益，并给予政治上的支持。此外，经济学家基于发展战略理论，解释了新区域主义下发展中国家参与区域经济一体化的动机。

关于区域主义是多边主义的"绊脚石"还是"垫脚石"一直存在争议。Perroni 和 Whalley（2000）认为参与国之间经济规模、比较优势、目标函数均存在差异，进而导致区域经济合作中成本收益各不相同，小国签订自由贸易协定是为了进入大国市场，是一种保险安排，因此单方支付可以视为小国从FTA 获益的同时须付出的代价，国家的非对称性将一定程度上威胁多边贸易自由化的稳定性。Estevadeordal 等（2007）基于

"意大利面碗"理论，对 58 个区域贸易协定的原产地规则进行定量研究，得出只有约 1/3 的区域贸易协定在特定产品上具有相同的原产地规则，规则的差异将阻碍贸易自由化发展。Baldwin（1993）认为特惠贸易协定会带来"多米诺效应"，吸引非成员国加入，最终实现全球自由贸易。此外，在 21 世纪以来世界经济与政治格局变化的背景下，Baldwin（2006）进一步提出区别于新区域主义，以 RTAs 范围不断扩大、内容逐渐深化、主导力量缺失、亚太地区核心地位凸显为主要特点的多边化区域主义，指出多边化区域主义在继承新区域主义多样化收益目标的同时，解决了意大利面碗效应造成的RTAs 无法有效实现资源国际化配置的难题。

二　区域贸易协定对出口产品质量的影响

本书将既有的关于区域贸易协定对出口产品质量影响的研究划分为三个方面进行梳理，即出口产品质量的影响因素、贸易政策对出口产品质量的影响机制以及出口产品质量的测度。

1. 出口产品质量的影响因素

关于出口产品质量影响因素的研究，经历了两个发展阶段。第一阶段的研究主要围绕差异化模型或异质性模型进行理论探索。随着指标测度的完善和数据的公开，第二阶段的研究主要运用微观产品数据实证检验出口产品质量的影响因素。

Falvey（1981）率先在比较优势理论的分析框架下，结合要素禀赋理论与产品成本理论，通过构建垂直差异化模型对出口产品质量的决定因素展开研究。他认为，不同产品质量高低主要取决于不同国家生产产品的要素密集度，即资本要素丰裕的国家更有优势生产资本密集型产品，因而生产的产品总体质量较高，而劳动要素丰裕的国家更有优势生产劳动密集型产品，因而生产的产品总体质量较低。在此基础上，学者对差异化模型做了进一步扩展和补充。Grossman 和 Helpman（1991）在 Falvey（1981）建立的框架下，假定同一类产品的生产者由创新者和模仿者组成。创新者生产的产品质量最高，模仿者生产的产品质量最低，由此构成该产品的质量阶梯，而创新能力和模仿水平则决定了质量阶梯的长短。Stokey（1991）构建了一个包含北部发达国家和南部发展中国家的南北贸易模型，其中北部发达国家具有较高的收入水平并且掌握了较为先进的技术，因而生产和出口的产品质量较高，而发展中国家收入水平偏低并且技术落后，因而生产和出口的产品质量较低。若发展中国家人口增长率较高导致出口产品成本下降（工资率下降），出口数量增加，则会迫使发达国家产生进口低质量产品对生产低质量产品的替代，从而进一步扩大南北出口产品质量的差距。Anderson 和 Palma（2001）通过构建一个包含产品质量因素的水平差异化模型，分析了人均收入水平对出口产品质量的影响机制。研究结论是，一国人均收入水平的提高会促进该国消费者对产品质量的需求从而倒逼产品质量提升。

以上学者均采用差异化模型分析出口产品质量。伴随新新贸易理论的发展，也有部分学者在 Melitz（2003）异质企业模型框架下分析出口产品质量。Hallak 和 Sivadasan（2009）首次将质量作为内生变量引入异质企业贸易模型，并提出企业异质性不仅包括生产率方面的差异，还包括产品质量上存在的差异。在企业规模不变的前提下，出口企业生产的产品质量更高。Elias 和 Bulent（2013）在同时考虑企业产品质量差异、生产率差异的情况下构建模型，分析企业的国际化路径。结论表明生产较高质量产品的企业选择开拓国际市场，而生产较低质量产品的企业则留在国内销售。这进一步佐证了 Hallak 和 Sivadasan（2009）的观点。

在已有理论模型框架下，伴随测算指标的完善和出口产品数据的细化，围绕出口产品质量升级展开的实证检验已经成为国际经济学的热门研究领域。多数学者从市场的角度探讨了影响出口产品质量的因素。施炳展（2014）参照 Hallak 和 Sivadasan（2009）构建的模型，运用匹配后的中国海关数据和工业企业数据，测算了中国企业的出口产品质量，结果表明持续出口企业的产品质量升级带动了总体出口产品质量的提升。与之相反，张杰等（2014）和李坤望等（2014）的实证结论表明低质量企业的频繁进入和退出导致 2000 年以后中国总体出口产品质量下降。韩会朝和徐康宁（2014）运用 CEPII-BACI 与世界银行 WDI 匹配的数据检验了"出口产品质量门槛"假说，即一国收入水平越高，则对产品质量要求也就越高。在控制其他相关变量的情况下，中国向高收入国家出口产品质量比向中低收入国家出口产品质量高 26.5%。因此，相较于选择多元化的出口市场，选择有针对性的出口目的国对中国出口产品质量的提升效果更为显著。樊海潮和郭光远（2015）检验了出口产品质量、企业生产率、出口价格三者间的关系，实证结果表明在中国企业的对外贸易中，生产率与出口产品质量之间存在质量效应；即生产率越高，出口产品质量越高；剥离质量因素后的产品价格与企业生产率之间存在生产率效应，即生产率越高，产品价格越低。若产品质量具有异质性，则主要表现为质量效应，若产品质量具有同质性，则主要表现为生产率效应。张杰（2015）研究了融资约束对中国企业出口产品质量的影响，发现二者之间存在倒 U 形关系，即融资约束程度低于某个门槛值时，其促进企业出口产品质量的提升，当融资约束程度超过门槛值后，其抑制企业出口产品质量的提升。许家云等（2015）考察了人民币汇率升值对企业出口产品质量的影响，研究结果表明人民币汇率每升值 10%，能促进企业平均出口产品质量提升0.12%。人民币汇率升值对新进入企业的出口产品质量和新产品质量的提升作用尤为显著。

对外直接投资作为中国市场化改革的引擎，曾经为中国经济总量增长和贸易规模扩张做出巨大贡献。随着产品质量问题研究的兴起，学者也就对外直接投资能否推动中国出口产品质量升级展开研究。如 Chen 和 Swenson（2007）结合1997~2003 年中国产品层面的贸易数据，实证检验了跨国企业对出口产品质量的影响机制。结果表明，行业内对外直接投资渗透率提高有助于提升本土企业产品质量。李坤望和王有鑫（2013）认为对外直接投资通过直接、间接和乘数 3 个路径促进了中国出口产品质量升级。也有部分学者从特殊角度切入，分析出口产品质量的升级机制。王有鑫等（2015）分析了人口老龄化影响出口产品质量升级的内在逻辑，并采用美国的 HS – 10 分位产品进口数据进行实证检验，结果表明人口老龄化显著促进出口产品质量升级。进一步分组回归发现这种促进作用存在国家和产品异质性：人口老龄化对于中等老龄化程度国家的产品质量的提升作用最为显著，低老龄化国家次之，对高老龄化国家影响最小；对低技术产品质量的提升作用显著高于中、高技术产品。许明（2016）采用企业层面的贸易数据，实证检验了劳动报酬对出口产品质量的影响。研究发现，提高劳动报酬能显著提升出口产品质量，平均而言，员工劳动报酬每提高 1%，出口产品质量提升 0.341% ~ 0.474%。该结论对于当前我国供给侧结构改革下如何科学合理地提高劳动报酬具有重要启发意义。王树柏和李小平（2017）将碳生产率作为核心解释变量纳入出口贸易分析模型，研究发现提高碳生产率对出口质量的提升有显著的正向促进作用。

2. 贸易政策与出口产品质量

上述分析出口产品质量影响因素的文献隐含的一个共同逻辑是：将某一因素看作内生变量引入模型，分析出口产品质量的变化。事实上，作为一个外部因素，政策也能对出口产品质量产生直接或间接的影响。关税削减是贸易政策中最重要的议题，同时也对企业出口行为产生最直接的影响。Moraga-González 和 Viaene（2005）建立贸易和垂直产品差异的双寡头模型，分析转型经济体的贸易政策与产品质量。研究表明关税只能获取外部租金，与出口产品质量之间的关系并不显著。与此研究结论相反，Amiti 和 Khandelwal（2013）实证检验 56个国家出口到美国的产品质量水平与其进口关税的关系，研究发现进口关税与产品质量升级之间存在显著的非单调关系，具体来说，关税降低促进了接近世界技术前沿的产品的质量升级，即"躲避竞争效应"，而阻碍了远离世界技术前沿的产品的质量升级，即"沮丧效应"。刘晓宁和刘磊（2015）使用 Amiti 和 Khandelwal（2013）的研究框架，运用中国企业层面的出口数据就关税减让对出口产品质量升级的影响进行实证检验，得到与 Amiti 和 Khandelwal（2013）相一致的结论。张洋（2017）则通过倾向得分—双重差分（PSM – DID）的方法实证研究了政府补贴对出口产品质量的影响，发现政府补贴一方面可以提高企业研发投入，另一方面可以使企业进口更高质量的中间投入品，因此政府补贴可以提升企业最终品的出口质量。许和连和王海成（2018）采用双重差分模型检验了 2006 年开始的出口退税制度改革对我国出口产品质量的影响，研究发现出口退税制度改革使出口产品质量提升约 7%，且这种提升作用具有显著的持续性。

3. 出口产品质量测度方法的研究

对出口产品质量问题进行政策评估，首先必须将出口产品质量清晰准确地测度出来。国际贸易中的产品质量问题研究起步较晚的一个重要原因在于产品质量无法直接观察和测度，虽然目前许多学者在测度上进行了有益的尝试，但对于测算方法仍然没有达成共识。总体而言，当前对出口产品质量的测算方法可以分为代理变量法和估算法。

（1）代理变量法。代理变量法即将可观测的变量作为产品质量的替代变量。Sutton（1996）采用研发强度（研发与销售的比例）和广告密度衡量产品质量，研发强度和广告密度越高，则产品质量越高。该方法容易理解、计算简便，但是没有考虑行业之间的差异，不能进行跨行业产品质量比较。同时，高研发强度和高广告密度是多数高质量产品具备的一个重要特征，但高研发强度和高广告密度并不一定代表产品质量很高。如新产品开发初期需要高额的研发投入和广告投入才能打开市场，但其质量高低是不确定的。一些文献将出口技术复杂度作为衡量出口产品质量的指标（Hausmann et al.，2007），但出口技术复杂度衡量的是不同种类产品所蕴含的技术差距，如通常认为空调的技术含量高于食品的技术含量。而质量考察的是同一类产品内的垂直性差异，如高端红酒比低端红酒的口感更好，高配置的电脑比低配置的电脑工作效率更高。使用技术复杂度作为衡量质量的指标没有准确把握质量的定义，结果可靠性有待商榷。一些学者将单位价值（unit value）作为出口产品质量的代理变量，虽然该方法简单易懂，数据较易获取，但是它也至少存在以下两个方面的问题。第一，产品质量是由多个因素共同决定的，除了单位价值，市场环境、生产成本、消费者偏好、收入水平等因素均对出口产品质量产生重要影响。如中国衬衫在美国市场上的价格远远低于日本衬衫在美国市场上的价格可能是由于中国生产衬衫的成本低于日本，而与产品质量无关。仅将单位价值作为产品质量的代理变量，测算结果的准确性定将大打折扣。第二，对于不同行业的产品，质量的差异程度是不同的。对于质量差异较小的同类产品，其价格反而可能相差较大。如苹果手机的大陆版本和香港版本没有太大的质量差异，但大陆版本的价格高于香港版本，如果用单位价值作为产品质量的代理变量，则会给人一种香港版本质量远低于大陆版本的错觉。韩会朝和徐康宁（2014）将一种产品的市场价格作为该产品的平均质量指标，以一种产品的实际价格除以该产品的平均价格得到一个相对数值，并以此作为该产品的相对质量指标。该计算方法测度的产品质量没有单位，消除了计价单位和产品种类的差异性，便于对不同计价单位、不同种类的产品进行数据比较和处理。与单位价值法类似，在不完全竞争市场中，价格并不能完全反映质量信息，价格的高低也并不一定意味着质量的高低。采取低价可能只是企业恶意竞争的手段，或者是生产率或成本优势所致。仅用价格作为质量的代理变量过于片面。

（2）估算法。采用代理变量法测度产品质量较为直观，易于计算，但是往往只考虑到影响产品质量的某一方面，测度过程过于简单，容易造成较大的偏误。基于上述不足，近年来一些学者试图从有效、规范的角度测度出口产品质量，其遵循的基本逻辑是：出口价格是产品质量、目的国收入水平、与目的国的空间距离等各类因素共同作用的结果，因此出口价格可以反映出口产品质量。

Hallak（2006）、Hallak 和 Schott（2011）等通过直接估算法来测度产品质量，这一方法的基本思路是：在国际贸易中，贸易顺差国的生产能力总是更强、出口产品质量总是更高。若同一种产品具有相同的价格，消费者更愿意选择贸易顺差国的产品。因此，在出口价格一定时，若出口产品质量高，则出口国贸易顺差越大。基于这一逻辑，作者将出口价格指数与贸易顺差值回归方程的残差作为出口产品质量的测算值。

以 Hallak 和 Schott（2011）为代表提出的直接估算法以不纯净价格指数为研究起点，认为出口产品质量是除价格外影响出口市场份额的其他因素，从而可以将出口产品质量从价格中萃取出来，相比于代理变量法，极大提高了测算的精确度。但该方法也有显而易见的缺点，它测算的维度停留在国家层面，没有考虑企业异质性，并且对数据要求很高，需要关税、双边汇率、贸易差额等各类数据。

进一步的，Feenstra 和 Romalis（2012）、Khandelwal 等（2013）提出需求函数法测度产品质量。其基本假设是：第一，产品质量仅受需求端影响，暂不考虑生产端因素；第二，基于不变替代弹性的消费者偏好，不考虑涨价带来的潜在价格变化；第三，提高产品质量带来消费者需求的提高但不会引起价格上涨。收入水平、价格和产品质量是影响需求量的三大因素，其中出口价格可以直接观测，而出口质量不可直接观测，因而将其体现在残差项中。

基于需求函数法的测算方法以新新贸易理论为基础，考虑到了企业的异质性，将产品质量测算层面从宏观精确到了微观，在产品质量测算方法的研究中迈出了里程碑的一步，但采用该方法得到的测算结果范围波动较大，不便于加总比较分析。为了解决上述问题，施炳展（2014）以 Khandelwal 等（2013）的测算方法为基础，精确估计替代弹性，同时对测算结果进行标准化处理，得到标准化产品质量指标，从而使指标可以在不同层面进行加总，便于跨截面、跨期的出口产品质量比较分析。目前这一方法在中国出口产品质量问题的研究中最为流行。表 1-1 为出口产品质量测度方法的比较汇总。

表 1-1　出口产品质量测度方法比较

	方法	优点	缺陷	代表文献
代理变量法	研发强度 & 广告密度	计算简便，数据较易获取	指标简单；不便跨截面比较	Sutton（1996）
	出口技术复杂度	容易理解，计算简便	与质量测度维度不同	Hausmann 等（2007）；Bin（2007）
	单位价值法	比较接近刻画技术含量；数据易得，计算简单	指标片面，难以完全代表质量	Feenstra（1987）；Hummels 和 Klenow（2005）；Baldwin 和 Harrigan（2007）
	相对价格法	数据易获取；易跨时间、跨截面比较	过于片面	韩会朝和徐康宁（2014）
估算法	直接估算	精确度得到提高	未考虑企业层面	Hallak 和 Schott（2011）
	需求推算	考虑产品微观差异；接近真实质量	测算结果波动范围大	Feenstra 和 Romalis（2012）；施炳展（2014）；张杰（2015）

资料来源：根据相关文献整理。

三 区域贸易协定的福利效应评估

自由贸易增进贸易双方的福利水平是现代经济学的基本结论与支柱（Samuelson，1939）。本书根据量化贸易理论研究中国自由贸易区战略对福利水平的影响与机制，相关研究已经积累了丰富的成果。结合本书研究主旨，本部分将主要从理论和实证两个方向梳理既有代表性研究成果。

1. 量化贸易理论的发展

贸易政策福利效应是贸易理论研究的核心。始于比较优势理论的传统贸易理论衍生出系列贸易模型，研究不同市场结构和技术水平下的贸易利得与分配。贸易政策福利效应的理论发展经历了从传统贸易理论到量化贸易理论，以及从量化贸易理论到新量化贸易理论两个阶段。在发展过程中，用于量化贸易效应的引力方程的理论基础不断被完善，并从传统引力模型扩展为结构引力方程模型。

（1）从传统贸易模型到量化贸易模型。李嘉图比较优势理论极大地推动了国际贸易理论发展，在完全竞争条件下，贸易开放表现为消费可以脱离生产可能性边界的约束并带来帕累托最优。Dornbusch 和 Samuelson（1977）在多种产品李嘉图模型中引入连续型产品和贸易成本，从两国连续型产品角度完善了李嘉图模型，使模型更加贴合经济现实。Krugman（1979）提出新贸易理论，将规模经济作为国际贸易的产生原因并把垄断竞争引入贸易理论，以解决传统国际贸易理论与现实经济存在不符的问题。结果发现产品替代弹性影响贸易壁垒对贸易流量的作用，在同质性企业和可变运输成本假设下，产品间的替代弹性越高，贸易壁垒对两国贸易流量的影响越大。Bernard 等（2003）扩展李嘉图模型以适用于多国家、地理障碍和不完全竞争，模型引入伯特兰竞争使均衡市场价格不等于边际成本，肯定了出口成本在细分市场中的重要性，以及生产者之间的效率差异在产生市场势力、衡量生产率和克服地理障碍能力的异质性方面的重要性。Melitz（2003）将企业异质性引入国际贸易，发现贸易使生产率较高的企业进入出口市场，生产率较低的企业只在本土市场生产或退出市场，进而使资源流向生产率较高的企业，提高产业的总体生产率，并进一步发现之前的贸易理论没有解释过的贸易利得。Chaney（2008）将企业异质性和出口固定成本引入引力模型，将企业出口分解为代表企业出口量的集约边际和代表出口企业数量的广延边际。发现随着企业生产越分散，固定成本对出口的影响就越小，大型企业可以很容易地克服这些固定成本投入难题。当商品具有更大的可替代性时，总贸易流量对贸易壁垒的敏感性较低。

Eaton 和 Kortum（2002）提出 EK 模型，在比较优势理论框架下，从供给侧将影响两国贸易的因素分为技术差异和贸易阻力，并将每种商品生产率设为服从 Frechet 分布的随机变量，得到了与引力方程模型同构的均衡解，证明生产成本较低、生产率较高以及双边贸易成本较低的产品有较高的出口概率。EK 模型首次将贸易福利水平表示为技术与开放度的函数，并用概率工具考察贸易和资源配置的影响因素，避免了标准李嘉图模型因设定角点解而必须进行的复杂数学处理。
EK模型同时适用于不同竞争条件，更贴近贸易数据。EK模
型还将引力方程一般均衡化，并通过估计结构化参数进行识
别，为使用反事实方法评估贸易政策提供便利。

EK模型奠定了量化贸易理论的基础。Anderson和Wincoop
（2003）以需求侧为切入点，设定价格为内生变量，消费者满
足CES效用函数并偏好多样化产品，生产者在垄断竞争市场
条件下生产，双边贸易流量不仅取决于双边贸易成本，将
GDP比重加权的多边阻力因子作为多边阻力项，在理论上推
导出引力模型。EK模型与Anderson和Wincoop（2003）均肯
定贸易成本和距离与贸易流量的反比关系，但EK模型强调贸
易成本或地理距离增加时，出口产品范围缩小；Anderson和
Wincoop（2003）强调贸易成本或地理距离增加时，消费者对
进口产品的支出下降。Eaton等（2011）将异质性引入企业的
进入成本及其在每个市场的需求，并使用内生进入成本公式。
Eaton等（2013）进一步将企业视为在连续状态下的一个点，
在模型中引入额外的企业异质性和内生进入成本，将市场总
体与单个企业间的相互作用联系起来，为国际贸易中的经验
关系提供了新视角。

（2）从量化贸易模型到新量化贸易模型。Melitz（2003）
将企业异质性引入国际贸易模型，开创了贸易理论的新阶段。
Redding（2011）基于EK模型建立多产品企业的一般均衡模
型，将产品生产率分解为企业层面的"能力"和企业产品层
面的"专业知识"的组合，在沉没成本未支付条件下，两者

随机且未知。贸易自由化诱导企业放弃生产技能含量较低的产品，迫使生产能力最低的企业退出，从而促进企业内部及总体生产率的提高。自由化后出口商生产的产品种类减少，但增加产品在国外销售的份额以及每种产品的出口额，这种调整在比较优势产业中表现得更为明显。Arkolakis 和 Costinot（2012）提出 ACR 模型，ACR 模型根据垄断竞争、企业异质性和可变价格成本加成假设，采用 DS 效用函数并将超对数（Translog）需求函数引入模型，基于单一要素投入和厂商线性成本函数等限定条件，证明在 Armington（1969）、Eaton 和 Kortum（2002）及 Melitz（2003）等提出的不同市场结构和技术条件下，均可以得到形式相同的引力模型与福利计算范式。换言之，福利效应均可简化为仅使用消费本国产品占总支出的份额与贸易弹性两个变量进行估算，ACR 模型统一了不同模型结构下的引力模型和贸易福利分析，提供了相对简化且统一的贸易福利量化方法。Head 和 Mayer（2014）假设异质性企业生产率由帕累托分布变为对数正态分布，既部分保持理想的帕累托分布特征，又解决了帕累托分布仅为观察到的企业分布右尾的一个合理近似值问题，更符合企业的完全分布。Baier 等（2018）肯定了贸易弹性估计在新量化贸易模型中研究贸易政策福利效应的重要作用，并证明在 1358 个北北、南北和南南国家对之间，95% ~ 99% 的福利可用异质性经济一体化协议（Economic Integration Agreements，EIAs）的偏处理效应来解释。至此，新量化贸易模型形成完整的理论构建，国际贸易福利研究步入新的发展阶段。

2. 贸易政策评估的实证方法发展

贸易政策福利效应的实证研究一般分为事前分析与事后分析两个方向。事后分析始于传统引力模型，随着传统引力模型的理论基础不断被完善，并逐渐发展出量化贸易模型和新量化贸易模型，传统引力模型也被扩展为结构引力方程模型。

（1）引力模型估计方法的发展。Tinbergen（1962）根据物理学中的引力模型分析两国贸易流量的影响因素，发现两国贸易流量随距离增加而下降，随经济总量提高而上升。此后引力方程被广泛应用于贸易政策效应的事后分析，评估贸易政策对双边贸易流量的作用（Baier and Bergstrand，2007）。不过，在引力模型中准确估计贸易流量对贸易政策的弹性是一个重大技术障碍，因为贸易政策弹性的估计会面临各种内生性问题的挑战。传统引力模型中忽视内生性问题会导致自由贸易协定对双边贸易流量的影响至少被低估75%（Baier and Bergstrand，2007）。

内生性问题主要来自以下两个方面。①遗漏变量与测量偏误。由于贸易流量对贸易政策引致的可变与固定贸易成本极度敏感，因此遗漏变量会导致贸易弹性的估计结果有偏甚至无效（Anderson and Wincoop，2003；Bergstrand et al.，2015）。同时，不同自由贸易协定的自由化水平不一致，实证中自由贸易协定一般会设定共同的平均偏效应，这是测量误差的来源（Baier et al.，2014）。多边阻力/固定效应捕捉不同理论中的多边阻力是贸易弹性估计实证方法上的重要创新（Redding and Venables，2004），通过设置标准的贸易阻力项，将可观测的双边变量分为地理变量（双边距离、是否拥有共同陆地边界、毗邻关系等）、文化变量（宗教相似性、是否拥有共同语言等）以及制度变量（法律渊源、殖民地关系）等（Helpman et al.，2008），部分解决了遗漏变量问题。随后，在面板数据引力模型中设置虚拟变量和固定效应，被证明可以获得 EIAs 对贸易流量影响平均处理效应的无偏与一致的估计结果，这使得计算 EIAs 福利效应成为可能（Eicher et al.，2012；Head and Mayer，2014；Baier et al.，2018）。此外，Baier 等（2019）对不同类型的 EIAs 设置不同的虚拟变量，以解决测量误差偏误问题。②自由贸易协定的非外生。经济体是否签署或与哪个国家签署自由贸易协定并非随机确定，而是基于贸易流量与贸易边际的一系列个体特征的自我选择。对于自由贸易协定政策变量非外生导致的内生性问题，横截面数据通常利用工具变量法来解决，面板数据则通过固定效应和一阶差分来处理。Lee 和 Swagel（1997）使用工具变量测量贸易自由化对贸易流量的影响，董有德和赵星星（2014）利用 Abadie 和 Imbens（2006）的匹配估计法解决了 FTA 的自选择性及引力方程的内生性、非线性问题，得到了 FTA 贸易流量效应的无偏估计。Kohl（2014）利用一阶差分法来解决内生性问题，并利用引力模型估计 EIAs 对国际贸易的影响。结果显示，EIAs 会使贸易额增加约 50%，但仅约 1/4 的协议能够显著促进贸易流量的增长。

（2）贸易政策福利收益的实证检验。ACR 模型将不同市场结构和技术水平下的模型统一到量化贸易理论下，得到相同的贸易福利范式。Mrázová 和 Neary（2014）把贸易成本和总需求结合起来，发现进口需求弹性通常高于真实弹性，因此出现低估贸易收益；Head 和 Mayer（2014）证明通过特定的引力方程，使用 EIAs 虚拟变量和外生的贸易弹性产生的局部处理效应，可以计算 EIAs 福利效应的估计值。Melitz 和 Redding（2014）认为在贸易弹性可变的情况下，企业进入和退出市场会导致贸易福利变动，推动新新贸易理论对国际贸易福利的认识。Costinot 和 Rodriguez-Clare（2014）综合已有的研究成果，提出使用结构引力方程和双边贸易数据综合估计外生的可变成本贸易弹性，以此计算贸易自由化福利效应，进而考察贸易自由化对一国消费者整体福利的影响，研究在不同市场结构、异质性企业、多行业、多生产要素与中间品贸易等不同假设条件下的贸易福利问题。他们根据简单 Armington 模型计算国家贸易收益，其中三个国家的贸易收益低于 2%——巴西（1.5%）、日本（1.7%）和美国（1.8%），并且发现小国从贸易中获得的收益往往更大，预计涨幅最大的是斯洛伐克（7.6%）、爱尔兰（8.0%）和匈牙利（8.1%）。Melitz 和 Redding（2015）基于企业异质性模型发现可变贸易成本从 3 降到 1.25 将使福利增加 5.80%。

（3）中国自由贸易区战略贸易效应的实证成果。虽然量化贸易理论的发展过程中积累了丰富的理论和实证研究成果，但是专门针对中国贸易政策评估的事后研究多聚焦于贸易效应。郎永峰和尹翔硕（2009）利用扩展后的引力模型验证了中国－东盟自由贸易区（CAFTA）对区内贸易和非成员间贸易的显著促进效应，且由于 CAFTA 成员间出口产品结构的互补性，不存在贸易转移效应。Verevis 和 Üngör（2020）运用合成控制法研究发现中国—新西兰自由贸易区对新西兰出口存在显著正向影响，自由贸易协定签署使 2014 年新西兰对中国出口增长约 200%。无论是以单个自由贸易区为研究对象（吕宏芬和郑亚莉，2013），还是综合中国当下参与的自由贸易区（董洪梅等，2020），自由贸易协定通过降低贸易壁垒等措施，提高贸易自由度，进而产生贸易促进效应已成为共识。

但自由贸易协定对不同国家、行业、产品的贸易效应存在广泛的异质性，贸易效应异质性及其来源成为研究焦点。多数学者基于自由贸易协定内容及细分条款展开研究。韩剑等（2018）利用 2002 ~ 2016 年中国与 38 个国家双边贸易数据，将 FTA 贸易效应分解为关税贸易效应和非关税贸易效应，结果显示关税减免促进技术、资源密集型产品双边贸易，非关税措施对中国出口技术密集型产品促进作用更大。许亚云等（2020）采用"单国模式"引力模型，研究异质性区域贸易协定（RTA）对增加值贸易的影响，显示 RTA 内容深度越深，贸易促进效应越显著，进一步分析得出，中国签署的 RTA 中相较于 WTO-extra，WTO-plus 条款更为深入，其更多促进了总贸易和中间品贸易的增加。杨凯和韩剑（2021）将引力模型扩展至产品层面，使用 2002 ~ 2017 年数据，采用两阶段 OLS 测算中国现有自由贸易协定在自由贸易区之间和自由贸易区内部的异质性贸易效应，并进一步评估差异化的原产地规则在导致贸易效应异质性中的影响程度，结果显示制度性和程序性规则的差异更多导致自由贸易区之间的异质性贸易效应，特定商品原产地规则差异更多解释自由贸易区内部贸易效应异质性的来源。在各国政府推行自由贸易区升级战略的背景下，江涛和覃琼霞（2022）研究了中国－东盟自由贸易区升级协定对域内外贸易的差异化影响，结果显示升级协定显著促进中国域内出口，且对小型、低收入、高贸易依存度的国家及 SITC 下第 4～9 类产品的出口促进作用更明显。

虽然在量化贸易理论的发展过程中积累了丰富的理论和实证研究成果，但是专门针对中国的贸易政策评估研究较少，对自由贸易区战略的福利效应进行事后评估的研究则更为稀缺。本书在量化贸易模型下建立分析框架，估计具有贸易伙伴异质性的贸易弹性和计算中国与不同贸易伙伴进行贸易的福利所得，并分析自由贸易区战略对中国贸易福利的影响效果和作用机制。

第二节　中国自由贸易区战略影响产品
质量的理论分析

区域贸易协定对出口产品质量的影响主要是通过贸易成本机制（Johnson，2012）。本节将从厂商异质性假定出发，建立模型分析区域贸易协定如何影响出口产品质量。本节的模型将基于 Johnson（2012）和 Sun 等（2022）的框架展开，分析贸易方在区域贸易协定中的最优出口产品质量。

一 消费方面

假设 i 国的企业向 j 国出口产品，其中 $i \in 1, 2, \cdots, N$，$j \in 1, 2, \cdots, N$。j 国有 L_j 消费者消费产品集 Ω_j，Ω_j 因国家而异。假设代表性消费者效用采用 Dixit-Stiglitz 效用函数：

$$U_j = \left\{ \sum_{\omega \varepsilon \Omega j} \left[q_{ij}(\omega) x_{ij}(\omega) \right]^{(\sigma-1)/\sigma} \right\}^{\sigma/(\sigma-1)} \qquad (2.1)$$

式（2.1）中，σ 为不同商品之间的替代弹性，且 $\sigma > 1$。$x_{ij}(\omega)$ 为 j 国对 i 国的商品 ω 的需求量，而 $q_{ij}(\omega)$ 则表示该商品的质量。定义 $P_j(\omega)$ 为产品价格，随着产品质量的提高，实际价格会降低。求解消费者效用优化问题，消费者对良好 ω 的需求应满足：

$$x_{ij}(\omega) = q_{ij}(\omega)^{\sigma-1} p_{ij}(\omega)^{-\sigma} P_j(\omega)^{\sigma-1} E_j \qquad (2.2)$$

式（2.2）给出了 j 国消费者对 i 国商品 ω 的最优需求，其中，$p_{ij}(\omega)$ 为商品 ω 的价格，$P_j(\omega) = \left\{ \sum_{\omega \varepsilon \Omega j} \left[p_{ij}(\omega) / q_{ij}(\omega) \right]^{(1-\sigma)} \right\}^{1/(1-\sigma)}$ 是 j 国消费的所有商品的总价格指数，E_j 是 j 国在这些商品上的总支出。式（2.2）表明消费者的需求随着产品价格的下降或质量的提高而增加。

二 区域贸易协定与贸易成本

区域贸易协定的主要作用是降低贸易成本。众多的研究表明区域贸易协定可以显著降低贸易成本并促进贸易增长。Hu 和 Lin（2017）采用调整后的引力模型表示贸易成本和贸易协议之间的关系。根据这个思路，本节构建一个与区域贸易协定相关联的简化贸易成本函数：

$$\tau_{ij} = ag(\,\cdot\,)e^{-RTA} \tag{2.3}$$

式（2.3）中，g（·）表示引力模型中的贸易阻力项，包括距离、语言差异、文化差异等（Redding and Venables，2004；Helpman et al.，2008）。本节将使用共同语言指数（cl）作为语言差异的代理，并在式（2.4）中表明其作用：

$$\tau_{ij} = ag(\,\cdot\,)e^{-RTA} \cdot e^{-cl} \tag{2.4}$$

对于式（2.4），$\tau_{ij}{}'$（FTA）$= -RTA \cdot ag$（·）e^{-RTA-1} · $e^{-cl} < 0$；同时 $\tau_{ij}{}'$（FTA）$= -cl \cdot ag$（·）$e^{-RTA} \cdot e^{-cl-1} < 0$。

1. 区域贸易协定与规模经济效应

区域贸易协定有助于企业扩大出口规模，发挥规模经济优势。本节假设当规模经济改善时，公司规模总体上保持增长并导致单位成本下降。由于本节关注企业质量控制决策，因此这里的规模经济效应也可以被理解为固定质量水平的单位成本下降。将固定质量水平的单位成本定义为 θ_i，与 RTA 的关系可以定义为 θ_i（RTA），其中 $\theta_i{}'$（RTA）< 0。此外，θ_i 还受到劳动力、资本等其他生产要素产生的单位成本的影响。用 c（·）来衡量不受 RTA 影响的单位成本，那么 RTA "质量"以指数形式进入单位成本函数：

$$\theta_i = c(\,\cdot\,)e^{-RTA} \tag{2.5}$$

2. 区域贸易协定与资本、劳动强度的关联

区域贸易协定将有利于扩大国际分工和国际信息交流，促进资本在优质企业和商品内部的集中并有助于提高资本密集度。随着更多资本能够集中到具有竞争优势的生产中，人均资本将会增加。经济学理论指出，任何一种生产要素的生产率都可以通过增加其他要素的权重来提高，直到要素组合达到一个最优点。因此，人均资本增加将提高劳动生产率。当资本被配置于高质量的生产时，劳动生产率会相应提高，这得益于高质量生产每一个单元所需的资本，即一定劳动力可以生产出更高质量的产品。将 ψ_L 定义为劳动生产率，ψ_L 与 RTA 之间的关系由 ψ_L（RTA）定义，其中 $\psi_L{}'$（RTA）>0。

假设劳动力通过掌握更好的技术（ζ）提高其生产率，参照生产函数得到式（2.6）：

$$\psi_L = Y/L = A(K \cdot e^{RTA})^{\beta 1}(\zeta \cdot L)^{\beta 2}/L = Ae^{\beta 1 RTA}(K/L)^{\beta 1}\zeta^{\beta 2} \cdot L^{\beta 1 + \beta 2 - 1}$$

$$(2.6)$$

式（2.6）中，资本集中度对高质量生产的影响用 $K \cdot e^{RTA}$ 表示，式（2.6）将劳动生产率定义为 RTA、人均资本 K/L 和劳动投入 L 的函数。资本集中提高了劳动生产率，同理劳动集中也将提高资本生产率。不过，本节更关注资本强度和劳动强度增加与质量之间的关系。资本和劳动的集中不仅会提高生产率，而且会提高产品的质量。虽然劳动技术进步也会提高资本生产率，但根据 $\psi_K = Y/K = L\psi_L/K$，这两个概念密切相关。为了避免重复计算并简化模型，本节使用 ψ_L 来反映资本

密集度提高和劳动密集度提高的影响。

3. 质量的总生产函数

假设公司处于垄断竞争的市场环境，考虑到包括劳动力和资本在内的各种生产要素的生产率不同，产品的质量和价格也应该有所不同，因此企业是异质的。假设质量与边际生产成本正相关，则可以将 i 国企业单位的全要素生产率（TFP）定义为 $\varphi(\psi_K, \psi_L)$，$\varphi(\psi_K, \psi_L) = C\psi_L^{\rho_1}\psi_K^{\rho_1}$，其中 $\rho_1 + \rho_2 = 1$，且在 ψ_K 和 ψ_L 中递增。因此，从 i 国出口到 j 国的商品的边际生产成本可以表示为 $\theta_i\tau_{ij}q_{ij}(\omega)^\alpha/\varphi(\psi_K, \psi_L)$，其中 α 为边际成本对产品质量的弹性，且 $\alpha \in (0, 1)$。

企业在生产和出口过程中面临两种固定成本，即除 τ_{ij} 外的固定出口成本 f_{ij} 和固定生产成本 $f_d q_{ij}(\omega)^\beta$，f_d 捕捉没有质量调整的固定生产成本，$\beta > 0$ 用于衡量固定生产成本相对于产品质量的弹性，固定生产成本通常包含固定的资本投入，如研究开发或生产设施。那么，具有上述全要素生产率的企业向 j 国出口产品，其利润应为：

$$\text{Max}\{[p_{ij}(\omega) - \theta_i\tau_{ij}q_{ij}(\omega)^\alpha/\varphi(\psi_K,\psi_L)]q_{ij}(\omega)^{\sigma-1}$$
$$p_{ij}(\omega)^{-\sigma}P_j(\omega)^{\sigma-1}E_j - f_d q_{ij}(\omega)^\beta - f_{ij}\} \qquad (2.7)$$

式（2.7）利用一阶条件可以得到：

$$p_{ij}(\omega) = \sigma\theta_i\tau_{ij}q_{ij}(\omega)^\alpha/\varphi(\psi_K,\psi_L)(\sigma-1);$$
$$(\sigma-1)q_{ij}(\omega)^{\sigma-2}p_{ij}(\omega)^{1-\sigma}E_j/\sigma P_j(\omega)^{\sigma-1} = \beta f_d q_{ij}(\omega)^{\beta-1} \quad (2.8)$$

结合式（2.7）与式（2.8），出口企业的最优质量可以表示为：

$$q_{ij}(\omega)^{\beta-(1-\alpha)(\sigma-1)} = (\sigma-1)\left[\sigma\theta_i\tau_{ij}q_{ij}(\omega)/(\sigma-1)\right.$$

$$\left.\varphi(\psi_K,\psi_L)\right]^{1-\sigma}E_j/\sigma\beta f_d P_j(\omega)^{1-\sigma} \tag{2.9}$$

式（2.9）中，$\beta-(1-\alpha)(\sigma-1)>0$，否则产品质量将无限大。根据式（2.9），本节得到出口产品质量的影响因素与作用机制。在其他因素不变的条件下，当贸易成本 τ_{ij} 降低（$1-\sigma<0$）时，企业出口质量提高。结合 $\tau'_{ij}(RTA)<0$，可以得到假设1。

假设1：区域贸易协定可以通过降低贸易成本，有效提高出口产品的质量。

其他条件不变的条件下，随着区域贸易协定中的投资协议降低单位成本 θ_i（$1-\sigma<0$），企业的最优质量提高。结合 $\theta'_i(RTA)<0$ 的条件，可以推导出第二个假设。

假设2：区域贸易协定中的双边投资协议可以通过降低单位成本（θ_i）来有效提高出口产品质量。

在其他条件不变的条件下，随着区域贸易协定伙伴方内部的制度质量提高，TFP 提高（$1-\sigma<0$），出口企业的产品质量也会提高。结合 $\psi_L'(RTA)>0$ 的条件，可以推导出第三个假设。

假设3：区域贸易协定可以通过伙伴方国内的制度质量提高来有效提高出口产品的质量。

第三节　中国自由贸易区战略福利效应的理论分析

为了规范分析中国自由贸易区战略对福利水平的影响与机制，本节基于量化贸易理论建立理论分析框架，测度自由贸易区战略对中国福利水平的作用，并分析影响机制的具体效应。

本节理论模型基于 ACR 模型的理论框架，假设存在 n 个经济体，每个经济体只投入劳动要素且劳动数量外生给定，工业部门（规模经济＋垄断竞争，自由进出，经营利润为 0）由只生产单一产品的异质性企业构成，单一行业且产品连续，企业在国外市场的经营不存在网络效应[①]。

根据 Baier 等（2018）的研究，第 t 期经济体 i 与 j 之间的可变贸易成本 τ_{ijt} 由从价运费 fr_{ijt} 与从价关税 t_{ijt} 线性构成，即 $\tau_{ijt} = fr_{ijt} + t_{ijt}$；固定出口成本 A_{ijt} 由政策性固定出口成本 A_{ijt}^{P} 与非政策性（自然）固定出口成本 A_{ijt}^{N} 线性构成，即 $A_{ijt} = A_{ijt}^{P} + A_{ijt}^{N}$。异质性厂商生产率 ϕ 的概率密度函数定义为 $g(\phi) = \gamma\phi^{-(\gamma+1)}$，$\gamma$ 为控制分布形态的异质性参数。那么零利润条件下进入 j 市场的厂商门槛生产率 φ_{ijt}^{*} 由式（2.10）决定：

[①] Baier 等（2018）的研究中，固定出口成本中网络成本效应是企业异质性对贸易流量与边际的重要影响因素，不过由于本书主要在于从产品层面分析和度量 FTA 对贸易流量、边际与福利效应的作用，企业层面的异质性不是研究重点，因此从简化分析的角度出发去掉了网络成本效应。

$$\left[(w_{it}\tau_{ijt}/\rho P_{jt})^{1-\sigma}\right]\left[w_{jt}L_{jt}/\sigma\right]\left[(\varphi_{ijt}^{*})^{\sigma-1}\right] = w_{jt}(A_{ijt}^{P} + A_{ijt}^{N})$$

$$(2.10)$$

式（2.10）中，$\rho = (\sigma-1)/\sigma$，σ 为工业品之间的替代弹性，且 $\sigma > 0$；P_{jt} 为经济体 j 的价格水平；w_{jt} 为 t 期经济体 j 的工资水平；L_{it} 为 t 期经济体 i 的劳动投入。给定 CES 效用，双边贸易流量可由以下引力方程给出：

$$X_{ijt} = \left[\sigma\gamma/(\gamma-\sigma+1)(\alpha_{it}L_{it})\right](w_{jt})\left[(\varphi_{ijt}^{*})^{-\gamma}A_{ijt}\right] \quad (2.11)$$

式（2.11）中 X_{ijt} 为 t 期经济体 j 对 i 的总进口水平；$\alpha_{it} = (1-\sigma)/(\sigma\gamma/f_{it}^{e})$，$f_{it}^{e}$ 是厂商的进入成本。式（2.11）右边括号第三项代表收入不变时贸易政策（τ_{ijt} 与 A_{ijt}）变动对扩展贸易边际与贸易流量的偏效应（Baier et al.，2018）。

进一步定义经济体 j 在从 i 的进口中获得的关税收入 $T_{ijt} = X_{ijt}t_{ijt}/(1+t_{ijt})$；并进一步定义 π_{jt} 为 t 期关税收入在经济体 j 的总支出中所占的比例，根据 Costinot 和 Rodriguez-Clare（2014）的研究，结合式（2.11）可将 π_{jt} 表示为式（2.12）：

$$\pi_{jt} = \sum\nolimits_{i=1\to n} T_{ijt}/E_{jt} \quad\quad (2.12)$$

式（2.12）中，$E_{jt} = T_{jt} + Y_{jt}$，为 t 期经济体 j 的需求水平，其中 Y_{jt} 为 t 期经济体 j 的国民收入。如果将 e_{jjt} 定义为 t 期经济体 j 对本国生产商品消费占总支出的份额，即 $e_{jjt} = (E_{jt} - X_{jt})/E_{jt}$。在量化贸易模型下，对外贸易的福利水平可表示为：

$$G_{jt} = 1 - (1-\pi_{jt})e_{jjt}^{1/\varepsilon} \quad\quad (2.13)$$

量化贸易模型囊括了技术和市场结构存在差异，经济体之间贸易的产品集 Ω_{ijt} 不再如 Amington 模型一样外生给定。考察 FTA 对福利水平的影响效应，经济体 i 根据在 j 市场的盈利性进行生产与出口决策，i 与 j 之间的自由贸易协定会影响可变与固定贸易成本作用于出口价格，进而通过扩展边际（Extensive Margin，EM）和集约边际（Intensive Margin，IM）影响双边贸易流量 X_{ijt}（Costinot and Rodriguez-Clare，2014）。根据 Hummels 和 Klenow（2005），t 期经济体 i 出口到 j 的贸易边际可以被定义为：

$$EM_{ijt} = \sum_{m \in Mi} X_{jmt} / \sum_{m \in M} X_{jmt};$$
$$IM_{ijt} = \sum_{m \in Mi} X_{ijmt} / \sum_{m \in M} X_{jmt} \tag{2.14}$$

式（2.14）中 EM_{ijt} 与 IM_{ijt} 分别为 t 期经济体 i 对 j 的扩展与集约贸易边际，m 代表第 m 类产品且 $m \in M_i$ 和 $m \in M$，M_i 与 M 分别为 j 从 i 和全球进口的产品集，X_{jmt} 为 t 期全球向 j 出口的第 m 类产品价值，$\sum_{m \in M_i} X_{jmt}$ 表示在 i 向 j 出口的产品集内全球向 j 的出口总额，$\sum_{m \in M} X_{jmt}$ 表示全球向 j 的所有产品出口总额，因此 EM_{ijt} 代表 t 期 i 向 j 出口产品种类与全球向 j 出口产品种类之比，因假设每个企业生产单一产品，所以 EM_{ijt} 越大表示 t 期 i 向 j 出口企业数量越多；X_{ijmt} 为 t 期 i 向 j 出口的第 m 类产品价值，$\sum_{m \in M_i} X_{ijmt}$ 表示 i 对 j 的总出口额，$\sum_{m \in M} X_{jmt}$ 表示在 i 向 j 出口的产品集内，全球向 j 的出口额，IM_{ijt} 即在 i 向 j 出口的产品集内，t 期 i 向 j 出口占全球向 j 出口的比例，比例

越大，代表在相同产品上 i 出口越多。根据贸易边际 HK 分解的性质，即 $EM_{ijt}IM_{ijt} = X_{ijt}/X_{jt}$，则：

$$\mathrm{d}X_{ijt}/X_{ijt} = \mathrm{d}EM_{ijt}/EM_{ijt} + \mathrm{d}IM_{ijt}/IM_{ijt}E_{jt} + \mathrm{d}X_{jt}/X_{jt} \qquad (2.15)$$

结合以上各式，并定义 $\pi_{ijt} = T_{ijt}/E_{jt}$，对福利水平 G_{jt} 求微分，可得：

$$\mathrm{d}G_{jt}/(1 - G_{jt}) = \left[\pi_{ijt}/(1 - \pi_{jt})\right] \cdot (\mathrm{d}EM_{ijt}/EM_{ijt} + \mathrm{d}IM_{ijt}/IM_{ijt})$$

$$(2.16)$$

式（2.16）将经济体 i 对 j 出口而对 j 的贸易福利效应分解为两项[1]，即集约边际变化量 $\mathrm{d}IM_{ijt}/IM_{ijt}$ 与扩展边际的变化量 $\mathrm{d}EM_{ijt}/EM_{ijt}$ 的影响。式（2.16）显示经济体 i 对 j 出口的集约和扩展边际以相同路径和幅度影响 j 的贸易福利水平。具体而言，t 期关税收入在经济体 j 的总支出中所占的比例 π_{jt} 越大，贸易边际变化对贸易福利水平的影响越大；j 从对 i 贸易中获得的关税收入在 j 的总支出中占比（π_{ijt}）越大，贸易边际的变化对福利水平的影响越大。

进一步通过比较静态分析，考察 i 与 j 之间的 FTA 对贸易福利的影响机制与效应。首先分析关税水平对贸易边际的影响，由于 $\tau_{ijt} = fr_{ijt} + t_{ijt}$，贸易边际对政策性可变贸易成本，即从价关税的弹性分别为：

---

[1] 其实还包括 t 期经济体 j 的进口总额 X_{jt} 的变化所带来的影响 $[\pi_{ijt}/(1 - \pi_{jt}) X_{jt} + 1/\varepsilon X_{jt}] \cdot \mathrm{d}X_{jt}$。不过由于总进口量 X_{jt} 与内部贸易额 X_{ijt} 同时出现在分母中，并与分子存在数量级上的差异，因此进口量 X_{jt} 的变化对经济体 i 向 j 出口而对 j 的贸易福利效应造成的影响可以忽略不计。

$$\mathrm{dln}EM_{ijt}/\mathrm{dln}t_{ijt} = -(\gamma - \sigma + 1)\left[1/(1 + fr_{ijt}/t_{ijt})\right] < 0;$$

$$\mathrm{dln}IM_{ijt}/\mathrm{dln}t_{ijt} = -(\sigma - 1)\left[1/(1 + fr_{ijt}/t_{ijt})\right] < 0$$

$$(2.17)$$

式（2.17）中，关税水平降低将有助于提升扩展边际与集约边际，这与 Chaney（2008）的结论一致。同时，贸易边际的弹性对从价运费与关税的相对水平（fr_{ijt}/t_{ijt}）比较敏感，因而距离更近（运费更低）的国家对（country pairs）将拥有更大的对关税水平的弹性。不过由于（$\gamma - \sigma + 1$）与（$\sigma - 1$）的大小并不能确定，因此关税变化对两种贸易边际的作用大小需要进一步分析。

$$\mathrm{dln}EM_{ijt}/\mathrm{dln}A_{ijt}^{P} = -\left[\gamma/(\sigma - 1) - 1\right]\left[A_{ijt}^{P}/(A_{ijt}^{P} + A_{ijt}^{N})\right] < 0;$$

$$\mathrm{dln}IM_{ijt}/\mathrm{dln}A_{ijt}^{P} = 0$$

$$(2.18)$$

式（2.18）为贸易边际对政策性固定出口成本的弹性。分析式（2.18）可以发现：一是初始状态下外生非政策性固定出口成本 A_{ijt}^{N} 越低，政策性固定出口成本 A_{ijt}^{P}（法律、制度等）的变动对扩展边际的影响程度越大，如果两个经济体有更高的文化相似度（A_{ijt}^{N} 更低），那么 FTA 在降低 A_{ijt}^{P} 时对扩展边际的作用更大；二是更低水平的 A_{ijt}^{N} 提升了 A_{ijt}^{P} 的重要性，因此贸易边际同样对政策性固定出口成本和总固定出口成本的相对水平较为敏感；三是集约边际对政策性固定出口成本的弹性为 0，与 Chaney（2008）的结论完全一致。

总结（2.17）、（2.18）两式，FTA 通过降低政策性可变与固定出口成本影响贸易边际，关税对贸易边际的作用效应取决于两方面因素：一是厂商生产率分布异质性参数 γ 与产品替代弹性 σ，二是从价运费与关税的相对水平（fr_{ijt}/t_{ijt}）。毛海涛等（2018）梳理既有文献，发现 σ 的取值多在 3 和 4 之间，γ 介于 6 和 12 之间，最稳健的取值在 8 左右，即 $\gamma - \sigma + 1 > \sigma - 1$，因此关税变化对扩展边际的影响更大。政策性固定出口成本对贸易边际的作用同样取决于两方面因素：一是厂商生产率分布异质性参数 γ 与产品替代弹性 σ，二是政策性固定出口成本与总固定出口成本的相对水平，即 $A_{ijt}^{P}/(A_{ijt}^{P} + A_{ijt}^{N})$。不过由于集约边际对政策性固定出口成本的弹性为 0，因此政策性固定出口成本变化同样对扩展边际的影响更大。故有以下推论 1：

推论 1：经济体 i 与 j 之间的 FTA 通过降低政策性可变与固定出口成本影响贸易边际，FTA 对扩展边际的作用效应大于对集约边际的作用效应。

结合式（2.16）、式（2.17）与式（2.18），进一步分析 i 与 j 之间的 FTA 对 j 方福利水平的作用渠道与效应，由于（2.17）与（2.18）两式展示了 FTA 通过关税 t_{ijt} 和政策性固定出口成本 A_{ijt}^{P} 对贸易边际的作用效应，那么在式（2.16）中考虑 FTA 的影响，并令 $\varXi = [\pi_{ijt}/(1 - \pi_{jt})(1 - G_{jt})]$，$\varTheta = \mathrm{d}\ln EM_{ijt}/\mathrm{d}\ln t_{ijt}$，$\varOmega = \mathrm{d}\ln IM_{ijt}/\mathrm{d}\ln t_{ijt}$，$\varPsi = \mathrm{d}\ln EM_{ijt}/\mathrm{d}\ln A_{ijt}^{P}$，FTA 对福利水平的影响渠道可以分解为：

$$\mathrm{d}G_{jt}/\mathrm{d}FTA_{ijt} = \varXi \cdot \big[\, (\varTheta/EM_{ijt} + \varOmega/IM_{ijt}) \cdot \mathrm{d}\mathrm{ln}t_{ijt}/$$

$$\mathrm{d}FTA_{ijt} + (\varPsi/EM_{ijt}) \cdot \mathrm{d}\mathrm{ln}A_{ijt}^{P}/\mathrm{d}FTA_{ijt} \big] \qquad (2.19)$$

分析式（2.19），i 与 j 之间 FTA 对 j 方福利水平的影响主要由降低政策性可变与固定出口成本来实现。关税的作用效应取决于两方面因素：一是关税对扩展与集约边际的作用效应；二是 FTA 对关税的影响程度，即 $\mathrm{d}\mathrm{ln}t_{ijt}/\mathrm{d}FTA_{ijt}$，这由 FTA 的深度决定。政策性固定出口成本的作用效应同样取决于两方面因素：一是政策性固定出口成本对扩展边际的作用效应；二是 FTA 对政策性固定出口成本的影响程度，即 $\mathrm{d}\mathrm{ln}A_{ijt}^{P}/\mathrm{d}FTA_{ijt}$，这同样决定于 FTA 的深度。FTA 深度即 FTA 异质性所表现出的水平差异和垂直深化特征，前者为 FTA 细分条款的覆盖程度，后者为 FTA 的升级深化程度。Horn 等（2010）将 FTA 深度条款分类为"WTO＋"和"WTO-X"，"WTO＋"条款属于 WTO 现行任务授权范围，"WTO-X"则为 WTO 任务范围以外相关问题承诺。钱瑛等（2021）基于是否至少覆盖一条"WTO＋"和"WTO-X"条款，FTA 重新签订次数，是否覆盖边境后经济性、要素跨国流动、研发合作、政治性等条款，从四个角度构建了深度 FTA 指标体系。彭羽和郑枫（2022）基于 FTA 中最频繁出现的 18 项核心条款（11 项边境间措施条款和 7 项边境后措施条款），采用条款计分法量化 FTA 深度，以 1995～2018 年"一带一路"沿线国家为样本，研究提出双边 FTA 深度提升对初级产品出口国的二元边际均有显著正向影响，对工业品出口国仅促进其集约边际增长。因此，有以下推论2。

推论2：扩展边际对福利效应的影响大于集约边际；异质性决定的协议深度也是影响福利效应的重要因素。

第三章

中国自由贸易区战略对产品质量的作用评估

进入21世纪以来，中国经过艰苦谈判加入WTO多边贸易体制，出口产品的关税减让获得了制度性保障。随后，中国开始参与区域经济一体化进程，并在2007年中国共产党第十七次全国代表大会报告中将"自由贸易区战略"上升为"国家战略"，区域贸易自由化的进程不断提速。在多边与双边贸易自由化的政策红利推动下，中国对外贸易总量持续扩张。不过，就出口贸易对一国经济增长与发展的长期作用而言，出口什么显然比出口多少更为重要（Hausmann et al.，2007）。那么贸易自由化在推动中国出口规模迅速扩张的同时，是否也对中国出口产品质量产生了影响？

随着中国经济深度融入全球经济体系并逐渐步入高质量发展阶段，产品质量升级将成为中国攀升全球价值链分工高级环节的主要途径。第二章理论分析已经表明区域贸易协定会对出口产品质量产生直接或间接影响。本章将在测度与分析中国出口产品的特征化事实基础上，就中国自由贸易区战略对出口产品质量的作用与机制进行实证分析。

第一节　中国出口产品质量的测度与描述

测度出口产品质量的方法较多（见第二章文献综述），但是这些方法各有千秋。相较而言，施炳展（2014）提出的产品质量测度的方法优点较多，不仅可以精确估计替代弹性，还能对测算结果进行标准化处理，得到标准化产品质量指标，从而使指标可以在不同层面进行加总，便于跨截面、跨期的出口产品质量比较分析。当前，这一方法在中国出口产品质量问题的研究中最为流行。因此，本章也基于施炳展（2014）的方法进行出口产品质量的测度。

一　出口产品质量测度方法介绍

假定某国企业出口产品到 m 国，m 国消费者效用水平用传统的固定替代弹性（CES）效用函数表示为：

$$U_m = \Big(\sum_{i=1}^{I} q_i^{\frac{\sigma-1}{\sigma}} \Big)^{\frac{\sigma}{\sigma-1}} \qquad (3.1)$$

其中，U_m 代表 m 国消费者效用水平，I 代表 j 国消费的总产品种类，q_i 代表 i 产品在 m 国的消费数量，σ 为产品的固定替代弹性（$\sigma > 1$）。

传统的 CES 效用函数仅考虑产品的水平差异，事实上产品垂直性差异普遍存在并对消费者的效用水平存在实质性影响，因此将产品质量纳入效用函数，将式（3.1）拓展为：

$$U_m = \Big[\sum_{i=1}^{l} (\lambda_i q_i)^{\frac{\sigma-1}{\sigma}} \Big]^{\frac{\sigma}{\sigma-1}} \qquad (3.2)$$

其中，λ_i 代表 i 产品的质量水平。

式（3.2）对应的价格指数如式（3.3）所示：

$$P = \sum_{i=1}^{l} p_i^{1-\sigma} \lambda_i^{\sigma-1} \qquad (3.3)$$

i 产品的需求量为：

$$q_i = p_i^{-\sigma} \lambda_i^{\sigma-1} \frac{E}{P} \qquad (3.4)$$

其中，E 代表 m 国消费总支出。式（3.4）表明某种产品的出口需求量同时受到价格和质量的影响，对于同一价格下存在质量差异的同类产品，质量越高，需求量越大。消费者对产品的选择取决于质量和价格的综合比较结果（性价比）。鉴于本章使用 BACI 数据库的 HS - 6 分位编码数据包含三个维度——产品种类 i、出口目的国 m、年份 t，那么 m 国 t 年对进口商品 i 的需求函数可以表示为：

$$q_{imt} = p_{imt}^{-\sigma} \lambda_{imt}^{\sigma-1} \frac{E_{mt}}{P_{mt}} \qquad (3.5)$$

对等式两边取自然对数，进行简单整理后得到计量方程：

$$\ln q_{imt} = \chi_{mt} - \sigma \ln p_{imt} + \varepsilon_{imt} \tag{3.6}$$

其中，$\chi_{mt} = \ln E_{mt} - \ln P_{mt}$ 代表随时间和进口国变化的变量，如特定年份的政策改革、金融危机、人均 GDP 等。为了控制时间固定效应和国家固定效应，本章用进口国—时间虚拟变量表示。$\ln p_{imt}$ 代表产品 i 在 t 年对 m 国出口的市场价格。残差项 $\varepsilon_{imt} = (\sigma - 1) \ln \lambda_{imt}$ 刻画了在 t 年对 m 国出口产品 i 的质量 λ_{imt}。由于式（3.6）是对每一个 HS 编码的产品分别进行回归，所以天然地控制了产品的特征，如资本密集度、技术复杂度等。

对产品数量和价格方程进行回归，可以得到产品 i 的质量表达式：

$$quality_{imt} = \ln \hat{\lambda}_{imt} = \frac{\hat{\varepsilon}_{imt}}{\hat{\sigma} - 1} = \frac{\ln q_{imt} - \ln \hat{q}_{imt}}{\hat{\sigma} - 1} \tag{3.7}$$

将式（3.7）进行标准化处理，得到产品 i 的标准化质量指标，如式（3.8）所示：

$$r - quality_{imt} = \frac{quality_{imt} - minquality_{imt}}{maxquality_{imt} - minquality_{imt}} \tag{3.8}$$

$maxquality_{imt}$、$minquality_{imt}$ 分别代表产品 i 在 t 年出口到所有目的国的质量的最大值和最小值。式（3.8）定义的标准化质量指标的取值为 [0，1]，消除了测量单位换算导致的误差，便于加总分析和跨产品、跨年份比较。将产品 i 在 t 年对所有出口目的国的标准化质量指标加权加总，得到产品 i 在 t 年的整体质量指标：

$$quality_{it} = \sum_m \frac{v_{imt}}{\sum_m v_{imt}} \times r - quality_{imt} \qquad (3.9)$$

权重设置参考施炳展（2014）的做法，为每个产品每年
对各目的国出口的份额比重。

二　中国出口产品质量特征描述

1. 中国出口产品质量纵向比较

图 3 - 1 给出了 1995～2015 年中国对全球出口产品质量的
变化。从图中可以发现，中国出口产品质量呈上升趋势。1995
年出口产品质量为 0.36，2015 年出口产品质量为 0.51，增长
了 41.67%。自 2008 年以来，增长趋势更为明显。需要指出
的是，该测算结果与施炳展（2014）的测算结果有所差异，
这可能是由于本书采用的数据库是 CEPII-BACI 数据库，时间
跨度是 1995～2015 年，而施炳展（2014）采用海关工业企业
数据库，且时间跨度为 2000～2006 年，因此出现每一类产品
的回归系数和残差值有所区别。

单纯分析中国对全球出口产品质量的纵向测度结果并不
能准确揭示中国出口在国际出口市场中所处的地位，也无法
展现中国出口产品质量的相对变化情况，因此本部分同时将美
国、日本 1995～2015 年出口产品质量的纵向变化纳入图3-1，
从而更直观地判断中国出口产品质量的变化特征。1995～2015
年日本、美国对全球出口产品质量趋势变化并不明显。1995
年中国对全球出口产品质量仅为 0.36，而日本为 0.58，美国

为 0.61，此时中国与美日差距十分明显。但 2008 年以后，尤其是 2010 年以来，中国出口产品质量提升速度加快，2015 年中国对全球出口产品质量为 0.51，虽然仍未超过美日，但差距显著缩小。显然这与中国区域经济一体化进程深化，对外开放程度加深密不可分。

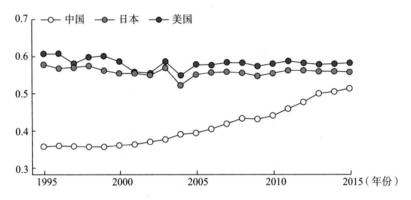

图 3 - 1　1995 ~ 2015 年中美日三国出口产品质量动态比较

资料来源：CEPII-BACI 数据库，作者计算整理。

为了更好地刻画出口产品质量的动态变化，本部分测算了 140 个经济体 1995 ~ 2015 年各自对全球的出口产品质量，在此基础上测算其相对变动幅度。限于篇幅，本部分无法逐一列出 1995 ~ 2015 年各经济体对全球出口产品质量的变动比例，因此考虑以 6 年为一个时段，分别计算 1995 ~ 2001 年、2002 ~ 2008 年、2009 ~ 2015 年各经济体对全球出口的产品质量，并在此基础上计算相对比重变化。本部分列出比重正向和负向变动最大的 10 个经济体的变化情况。

由图 3 - 2 可知，2002 ~ 2008 年相对于 1995 ~ 2001 年对全

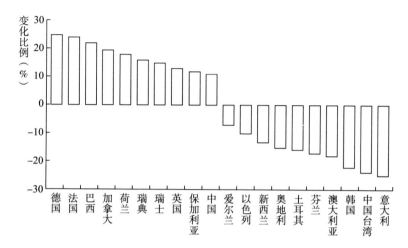

图 3 - 2　2002 ~ 2008 年相对于 1995 ~ 2001 年出口产品质量变化

资料来源：CEPII-BACI 数据库，作者计算整理。

球出口产品质量比重提升最快的经济体主要是欧洲发达国家
和新兴经济体。在比重上升前 10 位的经济体中，德国、法国、
巴西比重变化幅度均超过了 20%，中国出口产品质量相对比
重也提升了 11%。出口产品质量相对比重下降最为突出的 10
个经济体主要来自发达国家，意大利在这一时期下降最为显
著，降幅超过 20%。

　　图 3 - 3 描述了 2009 ~ 2015 年相对于 2002 ~ 2008 年各经济
体出口产品质量相对比重变化情况。由图 3 - 3 可知，2009 ~
2015 年相对于 2002 ~ 2008 年对全球出口产品质量比重提升最
快的经济体主要是新兴市场国家。中国出口产品质量相对比
重提升明显，上升幅度高达 20%。值得一提的是，越南在这
一阶段出口产品质量相对比重提升较为明显，增幅也超过
20%。这与发展中国家经济崛起、逐渐重视科技创新的经济现

实相吻合。这一阶段对全球出口产品质量相对比重下降最为突出的 10 个经济体仍然主要来自发达国家，加拿大出口降幅超过 20%。

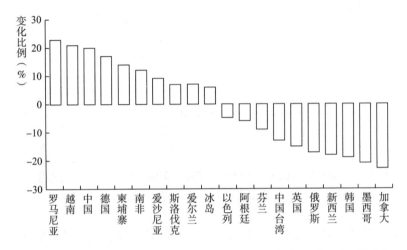

图 3 - 3　2009～2015 年相对于 2002～2008 年出口产品质量变化

资料来源：CEPII-BACI 数据库，作者计算整理。

结合图 3 - 2 和图 3 - 3 可以发现：1995～2015 年部分发达国家出口产品质量呈下降趋势，而中国出口产品质量提升较为显著，这在一定程度上说明中国的出口地位正在提升。

2. 中国出口产品质量的横向比较

本部分测算了中国对全球 217 个经济体的出口产品质量，为明晰出口产品质量的地区分布结构，分别计算每一年中国出口到目的国的产品质量，并按照前文所述的权重计算方法进行加权平均，最后得出 1995～2015 年中国出口到每个国家的加权平均产品质量，表 3 - 1 列出了 1995～2015 年中国出口产品质量排名前 20 位的目的国。

从表 3 - 1 可以发现，总体而言，中国对发达经济体出口产品质量较高，在出口产品质量排名前 20 位的目的国中，16 个国家为中高收入国家，占比高达 80%。其中，出口到美国的产品质量最高，为 0.78，出口到日本、欧洲国家的产品质量也超过 0.5，这说明对各目的国出口产品质量与其人均 GDP 水平密切相关。通常情况下，出口目的国人均收入水平越高，对产品需求层次越高，出口到该国的产品质量相对而言就越高。同时可以看到，出口到某些发展中国家的产品质量也较高，而这些国家恰好均与中国签订了自贸协定，因此一个可能的解释是区域贸易协定的实施提升了中国对这些地区的出口产品质量。

表 3 - 1 1995 ~ 2015 年中国出口产品质量排名前 20 位的目的国

单位：美元

国家	产品质量	人均 GDP	是否中高收入国家
美国	0.78	51399.40	是
日本	0.75	47163.49	是
韩国	0.67	24870.77	是
德国	0.65	45412.56	是
英国	0.63	41536.92	是
意大利	0.61	33968.70	是
法国	0.59	41642.31	是
新加坡	0.59	52785.31	是
荷兰	0.58	51410.49	是
印度	0.58	1785.84	否

国家	产品质量	人均 GDP	是否中高收入国家
印度尼西亚	0.58	3827.55	否
马来西亚	0.58	10745.05	是
澳大利亚	0.58	55017.25	是
加拿大	0.58	50303.84	是
西班牙	0.58	30532.45	是
泰国	0.57	5739.76	否
阿联酋	0.56	6389.31	是
俄罗斯	0.56	11325.79	是
越南	0.55	1651.23	否
比利时	0.54	45052.37	是

资料来源：CEPII-BACI 数据库，作者计算整理。

3. 中国出口产品质量的产品和行业截面比较

以上分析主要从加总的视角纵向和横向展现了中国对全球出口产品质量的变化趋势与分布特征，虽然得出了一些有价值的结论，但还不能明晰中国对全球出口产品质量提升过程中产品与行业层面的变化趋势与分布特征。为此，本部分进一步分析中国出口 HS-6 分位产品质量与 ISIC-4 分位行业质量结构，进而更加准确判断中国出口产品质量的水平和地位。

表 3-2 给出了 1995 年、2005 年、2015 年中国对全球出口产品质量最高的 20 种 HS-6 分位分类产品。从表 3-2 中可以发现，1995 年中国对全球出口产品质量最高的产品主要是纺织品、加工食品、化学制剂等初级加工产品，20 种产品中

表 3－2 1995 年、2005 年、2015 年中国对全球出口产品质量排名前 20 的产品

1995 年出口产品质量前 20		2005 年出口产品质量前 20		2015 年出口产品质量前 20	
产品类别	产品质量	产品类别	产品质量	产品类别	产品质量
仪装内燃机客车	0.7753	杂酚油	0.7206	大型航空器	0.7414
木材	0.7363	汽轮机	0.7156	钼废碎料	0.7031
季戊四醇	0.7244	未浓缩的奶油	0.7154	含铝的残渣	0.7030
矿物沥青混合器	0.7191	离子注入器	0.7051	未锻造金	0.6976
纱制的帘子布	0.7176	钛废碎料	0.7051	二硫化碳	0.6927
固状乳及奶油	0.7166	成品油船	0.6915	花生饼油渣	0.6905
聚丙烯短纤	0.7144	初榨玉米油	0.6851	液体变压器	0.6837
回收纤维	0.7102	粗甘油	0.6821	船舶	0.6712
阳模	0.7085	未锻轧镉	0.6797	塑料制品	0.6667
数控刃磨机床	0.7019	助听器	0.6729	铜氯氧化物	0.6652
混纺棉	0.7016	纯棉多股纱	0.6695	起重机械	0.6579
冷轧卷材	0.6996	冻鲈鱼	0.6678	牛肉	0.6538
锡板	0.6982	乙醚	0.6662	氧化钠	0.6521
环氧乙烷	0.6961	异丙基苯	0.6576	锌废碎料	0.6514

续表

1995 年出口产品质量前 20		2005 年出口产品质量前 20		2015 年出口产品质量前 20	
产品类别	产品质量	产品类别	产品质量	产品类别	产品质量
乙醇	0.6899	乳油	0.6574	鲨鱼	0.6447
牛肉	0.6896	动物皮革	0.6433	铂的废碎料	0.6454
润滑油添加剂	0.6894	橡胶胶乳	0.6342	心脏起搏器	0.6364
甲醛	0.6817	六氯苯	0.6334	起重机	0.6364
羊毛编织物	0.6801	棉回收纤维	0.6302	数控磨床	0.6355
丙酮	0.6797	塑料盆	0.6268	电导体	0.6333

资本及技术密集度较高的产品仅有矿物沥青混合器、数控刃磨机床这两种。2005 年中国对全球出口产品质量最高的 20 种产品以工业原材料、纤维制品为主，高技术、高资本密集度的产品如离子注入器、成品油船、助听器等的产品质量也位列前 20，但种类仍然很少。可见，这一时期中国对全球出口产品质量虽有所提升，但这种提升更多源自原有优势产品的质量改进，资本和技术深化的迹象并不明显。2015 年中国对全球出口产品质量最高的 20 种产品中，大型航空器、液体变压器、心脏起搏器等高技术、高资本密集度产品种类进一步增多。这表明近 10 年中国对全球出口产品质量提升过程中，出口产品的资本和技术密集程度已经有所加深，但工业原材料依然在列，因此未来出口产品质量的提升仍须进一步加大科研投入，提升产品工艺。

本部分共测算了 4825 种产品，限于篇幅，只能截取部分产品进行剖析，为了展现出口产品质量的全貌。本部分采用与 HS2002 编码匹配的 ISIC 行业分类，分析中国对全球出口产品质量的分布特征。图 3 - 4 列出了 1995 ~ 2001 年、2002 ~ 2008 年、2009 ~ 2015 年中国出口产品质量行业分布结果。

由图 3 -4 可以发现，在三个时间段中，中国对全球出口产品质量的行业分布特征基本一致。虽然各行业出口产品质量分布相对分散，但总体上出口产品质量较高的行业均为技术含量较低的初级制成品行业，如陶瓷制品（2692），农药及化工制品（2421），皮箱、手提包（1912），高资本密集度和高技术密集度的行业总体出口产品质量不高。

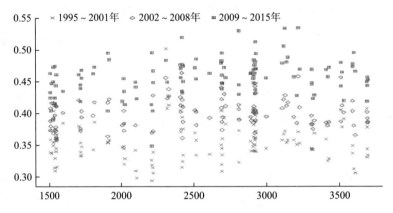

图 3 - 4　1995 ~ 2015 年中国出口产品质量行业分布

资料来源：CEPII-BACI 数据库，作者计算整理。

结合表 3 - 2 和图 3 - 4 可以发现，虽然中国对全球出口年度加总质量提升明显，但高质量出口产品集中在资本和技术密集度较低的领域，未来中国产业结构升级的力度有待加大，对外开放的广度和深度亟待提升。

第二节　中国自由贸易区战略影响出口产品质量的实证模型

中国的区域贸易自由化进程发轫于 2002 年中国 – 东盟自由贸易协议，截至 2021 年底中国已经与 26 个经济体签署了 19 份自由贸易协定。这些自由贸易协定是否以及如何影响中国出口产品质量？本节以中国签署的自由贸易协定为准自然实验，考虑到各个自由贸易区进入建设时间并不相同，通过多期双重差分（Difference-in-Difference，DID）模型建立反事实

实证框架分析自由贸易区战略对中国出口产品质量的影响效
应。本节将 1995～2015 年与中国签署了自由贸易协定的 18 个
经济体，即文莱、缅甸、柬埔寨、智利、哥斯达黎加、印度
尼西亚、老挝、马来西亚、新西兰、巴基斯坦、秘鲁、菲律
宾、新加坡、越南、泰国、瑞士、韩国、澳大利亚作为处理
组，将其他 122 个未与中国签订自由贸易协定的贸易伙伴方作
为对照组进行多期 DID 分析。

一　实证模型

本节采用双重差分模型考察中国自由贸易区战略对出口
产品质量的影响与机制。使用双重差分模型至少应满足三个
方面的基本假设：①政策发生时间的随机性；②对照组不受
政策冲击的影响；③处理组和基于反事实假设的对照组存在
共同发展趋势，即平行趋势假设。如果不满足平行趋势假设，
处理组与对照组之间本身就存在较大的变动差距，那么使用
双重差分模型可能高估政策实际效果甚至错误地估计因果
关系。

就本章而言，首先，区域自由贸易协定的签署是国家之
间动态博弈的结果，没有任何一个国家可以提前预测何时达
成，因此可以认为区域自由贸易协定的实施在时间上是随机
的。其次，本章研究涉及 2010 年前后签订的自由贸易协定，
所用的数据截至 2015 年，而"一带一路"倡议、中国 - 冰岛
自由贸易协定、中国 - 格鲁吉亚自由贸易协定等区域经济一
体化措施均是在 2015 年后开始实施，因此可以认为对照组不

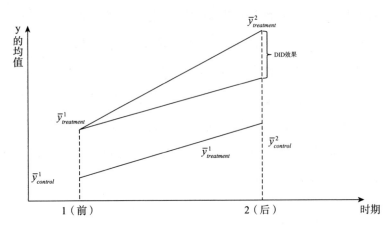

图 3 - 5　双重差分模型基本原理

资料来源：根据相关文献整理。

受政策干扰。最后，考虑到研究对象涵盖的国家和地区较多，采用画图方式检验平行趋势较为不便，因此本章通过构建一组反事实变量，检验处理组和对照组是否满足平行趋势假设。

1. 自由贸易协定与中国出口产品质量

为了识别签订自由贸易协定对中国出口产品质量的影响，本章建立如下多期 DID 模型作为基准的实证方程：

$$Qty_{it} = \alpha + \beta_1 FTA_{it} + \beta_2 X_{it} + \lambda_i + \nu_t + \mu_{it} \qquad (3.10)$$

式（3.10）构造了一个考察中国加入 FTA 如何影响出口产品质量的多期 DID 模型，双重差分项 FTA_{it} 用于识别自由贸易协定对出口产品质量影响的平均处理效应。具体而言，$FTA_{it} = FTA_i \times Post_t$，其中 0/1 虚拟变量 FTA_i 用于拟合经济体 i 有/没有与中国签订自由贸易协定；表示自由贸易协定签署进程的 0/1 时间虚拟变量 $Post_t$ 用于拟合自由贸易协定签署之前/

之后（含签署当年）。FTA_{it} 的系数 β_1 是重点待估参数，表示自由贸易协定实施对出口产品质量的影响：若大于 0，意味着在签订自由贸易协定后，处理组出口产品质量的提升幅度大于对照组，即签订自由贸易协定能够提升中国出口产品质量；若小于 0，则意味着在签订自由贸易协定后，处理组出口产品质量提升幅度小于对照组，即签订自由贸易协定会阻碍中国出口产品质量的提升；若等于 0，意味着签订自由贸易协定对出口产品质量不产生影响。X_{it} 为控制变量，λ_i 为截面固定效应，ν_t 为时间固定效应，μ_{it} 为服从零均值同方差独立分布的误差项。

2. 伙伴方制度质量标准差异与中国出口产品质量

在自由贸易协定对出口产品质量的影响机制中，伙伴方的内部制度质量标准可能对出口产品质量产生影响。自由贸易协定伙伴方政权稳定性及政府管理水平等制度因素直接影响区域贸易自由化的进程，伙伴方不同时期的政府对自由贸易协定的认可程度与执行质量会影响中国出口企业的经营策略，更加专注于高制度质量的伙伴方市场，进而提高出口产品质量。因此，本章在双重差分模型设定中引入制度质量标准差异，检验自由贸易协定伙伴方的制度质量标准差异是否能够影响中国出口产品质量，新模型的设定为：

$$Qty_{it} = \alpha + \theta Pol_{it} \times FTA_{it} + \beta_1 FTA_{it} + \beta_2 X_{it} + \lambda_i + \nu_t + \mu_{it} \quad (3.11)$$

其中，Pol_{it} 为伙伴方 i 在 t 期制度水平的代理变量。待估参数 θ 为机制分析关注的核心变量，考察中国的自由贸易协定伙伴方的内部制度质量标准差异是否会影响中国出口产品质量。

3. 投资协议与中国出口产品质量

OFDI 是一国参与国际分工、提高国际竞争水平的重要路径。景光正和李平（2016）运用中国省际面板数据分析表明，OFDI 能够通过市场深化、技术反馈以及资源配置三种机制提升出口产品质量。本章认为投资协议的存在促进了中国的地区性投资，进而促进了中国出口产品质量的提升。为检验这一影响机制，设定如下模型：

$$Qty_{it} = \alpha + \gamma Inv_{it} \times FTA_{it} + \beta_1 FTA_{it} + \beta_2 X_{it} + \lambda_i + \nu_t + \mu_{it} \quad (3.12)$$

其中，Inv_{it} 表示投资协议虚拟变量：若与伙伴方 i 签订投资协议，则取值为 1；若与伙伴方 i 未签订投资协议，则为 0。时间虚拟变量、政策虚拟变量与投资协议虚拟变量的三重交互项表示与基准模型处理组国家是否签订投资协议的虚拟变量，当该项取值为 1 时，表示伙伴方 i 与中国签订的自由贸易协定中包含投资协议，反之则表示与中国签订的自由贸易协定未包含投资协议。

二　变量拟合

需要拟合的变量主要包括以下 10 个。

（1）出口产品质量（Qty_{it}）：中国在时期 t 向经济体 i 出口产品的质量。出口产品质量测度方法主要分两类：一类是基于企业微观数据，另一类是基于国家 – 产品层面数据。本章数据属于后者，来源于 CEPII 中 BACI 数据库的 HS - 6 分位贸易数据，采用事后推算法计算（施炳展，2014）。

（2）自由贸易协定（FTA_{it}）：中国在时期 t 与经济体 i 签署自由贸易协定的状态，数据来源于 WTO 区域贸易协定网站。

（3）收入水平（$pgdp_{it}$）。经济体 i 在时期 t 的人均收入水平。已有文献研究表明，出口目的地收入水平与出口产品质量存在显著的正向关系，出口到高收入目的国家和地区的产品质量往往高于低收入国家和地区（Hummels and Klenow，2005；Hallak，2006）。本章以年人均 GDP 拟合收入水平，数据来源于世界银行 WDI 数据库。

（4）双边实际汇率（rer_{it}）：中国在时期 t 对经济体 i 的双边名义汇率。人民币汇率对中国出口产品规模、价格和质量均会产生一定程度的影响（王雅琦等，2015；沈国兵和黄铄珺，2017；余淼杰和张睿，2017）。本章首先根据中国及伙伴方货币与美元的双边汇率计算中国对贸易伙伴方的交叉汇率，其次运用各国 CPI 数据将名义汇率转化为实际汇率，最后以2000 年为基期将实际汇率标准化，数据来源于国际货币基金组织 IFS 数据库。

（5）基础设施水平（$infr_{it}$）：经济体 i 在时期 t 的基础设施水平。一国的基础设施水平会稳健地影响该国出口产品的技术复杂度（王永进等，2010），也可能对进口产品质量产生作用，因此本章控制进口方的基础设施状况，采用每百人中移动手机用户数拟合该经济体的基础设施水平，数据来源于世界银行 WDI 数据库。

（6）出口贸易额（val_{it}）：中国在时期 t 对经济体 i 出口的产品价值。将中国对各贸易伙伴的分行业出口产品价值进行年度平均化处理，数据来源于 CEPII 中 BACI 数据库的 HS – 6 分位贸易数据。

（7）地理距离（$dist_{it}$）：经济体 i 在时期 t 与中国的地理距离。采用中国与其贸易伙伴方的地理空间距离拟合贸易伙伴方的地理距离，并通过国际油价构造时变变量，数据来源于 CEPII-Geography 数据库。

（8）建交年份（dip_{it}）：中国在时期 t 与经济体 i 的建交情况。中国与贸易伙伴方建交时间当年该变量取值为 1，在以后各年份变量取值为该年份与建交年份的比值，在尚未建交的年份该变量取值为零。

（9）地区制度水平（pol_{it}）。经济体 i 在时期 t 的制度环境水平。区域经济一体化促进了地区间的开放和政策制度的融合，但地区制度环境对产品出口的重要性仍不容忽视。政权稳定性及政府管理水平等制度因素直接影响区域贸易自由化的进程，伙伴方不同时期的政府对自由贸易协定的认可程度与执行质量与贸易自由化发展进程息息相关。许家云等（2017）的研究表明，良好的地区制度环境对提升出口产品质量具有显著的积极影响。本书借鉴 Henn 等（2013）的做法，采用政体数据库（Polity IV，1800 ~ 2016 年）中的"EX-CONST"变量作为进口国制度因素的代理变量，该变量是指对高层决策权制度化制约的程度，采用七类量表量化，得分越高表示约束力越强，制度的质量越高。

（10）双边投资协议（inv_{it}）：双边投资协议虚拟变量。中国在时期 t 与伙伴方 i 签订投资协议，则取值为 1，未签订投资协议，则取值为 0，数据来源于中国自由贸易区服务网。

本章选择 1995～2015 年中国 140 个贸易伙伴方建立研究样本。为消除异方差，本章在回归过程中对除建交年份外的控制变量均采取对数化处理。主要变量的描述性统计结果见表 3－3。

第三节　实证过程与结果分析

本节将根据上一节的实证模型，就中国自由贸易区战略对出口产品质量的作用与机制进行实证检验。

一　中国自由贸易区战略对出口产品质量的作用回归结果

1. 基准回归结果

基准模型考察中国加入自由贸易区的双边自由化贸易政策对出口产品质量的影响效果，实证结果如表 3－4 所示。从基准模型回归结果的第（1）列来看，中国参与自由贸易区建设能够显著地提高中国出口产品质量。为了有效识别自由贸易区战略对中国出口产品质量的影响，剔除其他变量的干扰，本节在回归模型中加入其他控制变量。在回归结果第（2）～（4）列中逐步加入了出口目的地的收入水平、双边实际汇率、

表 3 - 3 主要变量描述性统计结果

变量	样本量		均值		标准差		最小值		最大值	
	处理组	对照组	处理组	对照组	处理组	对照组	处理组	对照组	处理组	对照组
Qty_{it}	378	2562	0.4776	0.3628	0.1200	0.1347	0.2321	0.0845	0.7289	0.8297
$\ln pgdp_{it}$	378	2562	8.6518	8.4950	1.5993	1.5060	5.5056	4.7518	11.2447	11.6260
$\ln rer_{it}$	377	2438	4.5574	4.5185	0.4579	0.9534	2.9750	-1.6225	8.2721	14.6495
$\ln inf_{it}$	378	2562	2.9248	2.7073	2.2446	2.4158	-5.0519	-8.0389	5.0588	5.3029
$\ln val_{it}$	378	2562	6.9180	5.6978	1.4293	1.7702	3.4104	1.4652	9.9685	11.5958
$\ln dist_{it}$	378	2562	12.2971	12.8346	0.9869	0.7811	9.5310	9.7351	14.4583	14.4696
dip_{it}	378	2562	0.9851	0.8748	0.1788	0.3510	0.0000	0.0000	1.0333	1.0339
$\ln pol_{it}$	376	2537	1.5837	1.6368	0.4168	0.3941	0.0000	0.0000	1.9459	1.9459

资料来源：根据数据统计性结果整理。

表 3 - 4　基准回归结果

	（1）	（2）	（3）	（4）	（5）	（6）	（7）
FTA	0.0250***	0.0202***	0.0182***	0.0187***	0.0126***	0.0126***	0.0126***
	（6.82）	（5.68）	（5.27）	（5.41）	（4.83）	（4.83）	（4.84）
$\ln pgdp$		0.0510***	0.0538***	0.0511***	0.0260***	0.0260***	0.0259***
		（14.03）	（14.66）	（13.38）	（8.87）	（8.87）	（8.79）
$\ln rer$			-0.0034***	-0.0037***	-0.0020***	-0.0020***	-0.0020***
			（-4.25）	（-4.56）	（-3.26）	（-3.26）	（-3.23）
$\ln infr$				0.0015**	0.0014***	0.0014***	0.0014***
				（2.47）	（3.02）	（3.02）	（3.03）
$\ln val$					0.0448***	0.0448***	0.0448***
					（44.96）	（44.96）	（44.92）
$\ln dist$		-0.0825***	-0.0897***	-0.0653**	-0.0831***	-0.0253***	-0.0251***
		（-2.75）	（-2.92）	（-2.02）	（-3.42）	（-6.08）	（-5.99）
dip							-0.0020
							（-0.53）
$cons$	0.3373***					0.2180***	0.2182***
	（127.81）					（4.14）	（4.14）

续表

	（1）	（2）	（3）	（4）	（5）	（6）	（7）
时间固定效应	是	是	是	是	是	是	是
截面固定效应	是	是	是	是	是	是	是
N	2940	2940	2815	2815	2815	2815	2815
R^2	0.5806	0.6084	0.6416	0.6424	0.7970	0.7970	0.7970

注：（1）括号中为 t 值；（2）*、**、*** 分别表示显著性水平为 10%、5% 和 1%，下同。
资料来源：根据 stata14 回归结果绘制。

基础设施水平等控制变量，虽然控制变量的加入导致双重差分项系数有所波动，但总体上保持了相对的稳定。在第（4）列中，交互项系数平均值为 0.0187，说明自由贸易区战略的实施能使中国出口产品质量提高 1.87% 左右，这个结果能够通过 1% 水平的统计显著性检验。

在多期双重差分模型中，处理组与对照组的非随机分组可能导致实证结果的偏误。为了排除这种干扰，本节进一步控制影响中国选择 FTA 伙伴国的可能因素，包括出口贸易额、地理距离和建交年份，将这些变量逐步加入基准模型中，结果见表 3 - 4 的第（5）~（7）列。实证结果显示控制影响随机分组的因素后，自由贸易区战略对出口产品质量的作用有所减少并保持稳定，说明自由贸易区战略对中国出口产品质量的提升作用约为 1.26%，该结果能够通过 1% 水平的统计显著性检验。

2. 倾向得分匹配

本节将 1995~2015 年与中国签署了自由贸易协定的 18 个经济体作为处理组，将其他 122 个未与中国签订自由贸易协定的贸易伙伴方作为对照组，进行多期 DID 分析。考虑到基于非实验数据进行的干预效应分析在分组上缺乏随机性，无法基于大数定理的作用在处理组和对照组之间削弱混杂变量的影响，容易产生系统性的偏差（基于以下两个事实，一是对照组经济体较处理组经济体数量较多，二是描述经济体差异的协变量较多）。

因此，本节利用倾向得分匹配（Propensity Score Matching,

PSM）检验实证结果的稳健性。对处理组变量 PSM 后进行平衡性检验，检验匹配后的样本是否满足平衡性假设，即处理组与对照组的匹配协变量是否存在显著性差异、处理组和对照组在倾向值上是否平衡，结果如表 3 - 5 所示。根据表3 - 5 中 t 检验结果发现，无法拒绝处理组与对照组无系统差异的原假设，即选择的六个协变量在处理组与对照组之间不存在显著性差异，且处理组和对照组在倾向值上平衡。这样，PSM 平衡性检验证明基本消除了选择性偏误，从而确保了反事实分析结果的可靠性。

表 3 - 5　平衡性检验结果

变量	均值		偏差（％）	t 检验	
	处理组	对照组		t	p > t
$\ln pgdp_{it}$	8.6274	8.5794	3.1	0.40	0.689
$\ln rer_{it}$	4.5548	4.5727	- 2.4	- 0.36	0.718
$\ln infr_{it}$	2.9061	2.8170	3.8	0.52	0.604
$\ln val_{it}$	6.9009	6.8784	1.4	0.18	0.857
$\ln dist_{it}$	12.3420	12.3540	- 1.4	- 0.18	0.858
dip_{it}	0.9847	0.9711	4.9	0.93	0.352

R^2	LR chi^2	p > chi^2	标准化偏差均值	标准化偏差中位数	B	R	方差（％）
0.002	1.55	0.956	2.8	2.7	9.1	0.65	50

资料来源：根据 stata14 回归结果绘制。

　　为进一步说明匹配前估计结果的可靠性，本节在平衡性检验之后利用自助法，根据匹配后样本计算平均处理效应，

并通过 t 检验验证其显著性，结果见表 3 - 6。处理组平均处理
效应（ATT）为 0.0104，能够通过 5% 水平的统计显著性检
验，该结果与基准回归结果无明显差异；对照组平均处理效
应（ATU）为 0.0466、整个样本的平均处理效应（ATE）为
0.0415，均通过 p 值列可得出该结论。

表 3 - 6　平均处理效应

	系数	自抽样标准误	z	P > | z |	95% 置信区间	
ATT	0.0104	0.0046	2.25	0.025	0.0013	0.0195
ATU	0.0466	0.0064	7.30	0.000	0.0341	0.0591
ATE	0.0415	0.0056	7.47	0.000	0.0306	0.0524

资料来源：根据 stata14 回归结果绘制。

3. 平行趋势检验

DID 模型的一个核心假设是对照组与假设未受干预的处理
组（反事实）具有相同的变动趋势，在此假设下处理组发生
的变化即政策干预的效果。如果不满足平行趋势假设，处理
组与对照组之间本身就存在较大的变动差距，那么使用双重
差分模型可能高估政策实际效果甚至错误地估计因果关系。
为此，本节构建一组反事实变量，以政策实施当期为基准，
构建政策实施年份的前 3 年、前 2 年、前 1 年的处理组虚拟变
量，定义为 FTA_treat3、FTA_treat2、FTA_treat1，将这组反
事实变量加入回归模型中，回归结果如表 3 - 7 所示。

表 3 - 7 中的第（2）~（7）列显示，在模型中逐步加入出
口目的地的收入水平、双边实际汇率、基础设施水平、出口贸

111

表 3 - 7 平行趋势检验结果

变量	(1)	(2)	(3)	(4)	(5)	(6)	(7)
FTA	0.0276***	0.0229***	0.0206***	0.0215***	0.0149***	0.0149***	0.0150***
	(6.91)	(5.91)	(5.45)	(5.67)	(5.22)	(5.22)	(5.24)
FTA_treat3	0.0051	0.0060	0.0052	0.0063	0.0062	0.0062	0.0063
	(0.64)	(0.77)	(0.70)	(0.84)	(1.10)	(1.10)	(1.12)
FTA_treat2	0.0088	0.0092	0.008	0.009	0.0079	0.0079	0.0081
	(1.10)	(1.20)	(1.07)	(1.21)	(1.41)	(1.41)	(1.43)
FTA_treat1	0.0113	0.0107	0.0093	0.0104	0.0073	0.0073	0.0074
	(1.41)	(1.39)	(1.24)	(1.40)	(1.30)	(1.30)	(1.32)
lnpgdp		0.0510***	0.0538***	0.0509***	0.0259***	0.0259***	0.0257***
		(14.04)	(14.65)	(13.33)	(8.82)	(8.82)	(8.73)
lnrer			-0.0034***	-0.0037***	-0.0020***	-0.0020***	-0.0020***
			(-4.30)	(-4.65)	(-3.35)	(-3.35)	(-3.32)
lninfr				0.0016***	0.0014***	0.0014***	0.0014***
				(2.62)	(3.17)	(3.17)	(3.20)
lnval					0.0448***	0.0448***	0.0448***
					(44.94)	(44.94)	(44.90)

续表

变量	(1)	(2)	(3)	(4)	(5)	(6)	(7)
ln*dist*		-0.0825***	-0.0894***	-0.0633**		-0.0260***	-0.0257***
		(-2.75)	(-2.91)	(-1.96)		(-6.22)	(-6.13)
dip							-0.0024
							(-0.63)
cons	0.3373***				-0.0816***	0.2273***	0.2277***
	(127.81)				(-3.35)	(4.30)	(4.31)
时间固定效应	是	是	是	是	是	是	是
截面固定效应	是	是	是	是	是	是	是
N	2940	2940	2815	2815	2815	2815	2815
R^2	0.5811	0.6089	0.6419	0.6429	0.7973	0.7973	0.7973

资料来源：根据 stata14 回归结果绘制。

113

易额、地理距离和建交年份等控制变量后，政策实施年份的前3年、前2年、前1年的处理组虚拟变量系数均不显著，说明按照反事实逻辑假设得到的结果并不显著，即政策实施以前对照组与处理组存在相同的变动趋势，并未受到任何政策冲击。

4. 动态效应分析

区域自由贸易协定谈判的启动往往对未来区域内各经济体对外贸易与经济发展具有引领作用，但自由贸易协定正式签署后的实施效果则因时滞效应随经济体经贸合作的深入而逐步显现。为进一步明确区域自由贸易协定如何随时间影响中国出口产品质量升级的演进过程，本节采用政策实施后的各年度虚拟变量与政策虚拟变量交叉项替代基准模型中的政策虚拟变量与时间虚拟变量的交叉项，分别定义为 FTA_time1、FTA_time2……FTA_time11，代表了政策实施后的第1年至第11年的处理组虚拟变量。回归结果如表3-8所示，第（1）列和第（2）~（7）列分别是加入控制变量前和加入控制变量后的结果。

由表3-8可知，自由贸易区战略的实施对中国出口产品质量提升具有明显的时间异质性。政策实施后的第1年到第4年交叉项的回归结果并不显著，从第5年开始回归结果在10%的水平下显著，且随着政策实施时间的推移回归系数不断提高，统计显著性也进一步增强，说明自由贸易区战略对中国出口产品质量提升具有政策时滞效应。动态变化如图3-6所示。在自由贸易协定实施之初政策效应并不明显，伴随自由

表 3 - 8　动态效应回归结果

变量	(1)	(2)	(3)	(4)	(5)	(6)	(7)
FTA_time1	0.0098	0.0083	0.0070	0.0075	0.0055	0.0055	0.0056
	(1.18)	(1.03)	(0.91)	(0.97)	(0.95)	(0.95)	(0.95)
FTA_time2	0.0105	0.0088	0.0067	0.0072	0.0038	0.0038	0.0038
	(1.26)	(1.09)	(0.86)	(0.92)	(0.65)	(0.65)	(0.65)
FTA_time3	0.0132	0.0105	0.0084	0.0088	0.0077	0.0077	0.0077
	(1.53)	(1.26)	(1.04)	(1.09)	(1.27)	(1.27)	(1.27)
FTA_time4	0.0122	0.0093	0.0071	0.0075	0.0083	0.0083	0.0083
	(1.42)	(1.12)	(0.89)	(0.93)	(1.36)	(1.36)	(1.37)
FTA_time5	0.0221**	0.0179**	0.0158**	0.0162**	0.0117*	0.0117*	0.0118*
	(2.57)	(2.14)	(1.97)	(2.02)	(1.93)	(1.93)	(1.93)
FTA_time6	0.0267***	0.0211**	0.0187**	0.0191**	0.0128**	0.0128**	0.0128**
	(2.99)	(2.43)	(2.23)	(2.29)	(2.03)	(2.03)	(2.03)
FTA_time7	0.0318***	0.0257***	0.0229***	0.0232***	0.0159**	0.0159**	0.0159**
	(3.43)	(2.85)	(2.63)	(2.67)	(2.42)	(2.42)	(2.42)
FTA_time8	0.0414***	0.0334***	0.0323***	0.0326***	0.0187***	0.0187***	0.0187***
	(4.28)	(3.55)	(3.56)	(3.59)	(2.72)	(2.72)	(2.72)

115

续表

变量	(1)	(2)	(3)	(4)	(5)	(6)	(7)
FTA_time9	0.0494***	0.0406***	0.0396***	0.0399***	0.0210***	0.0210***	0.0210***
	(5.11)	(4.32)	(4.36)	(4.40)	(3.05)	(3.05)	(3.05)
FTA_time10	0.0526***	0.0423***	0.0412***	0.0415***	0.0252***	0.0252***	0.0251***
	(5.20)	(4.30)	(4.33)	(4.37)	(3.49)	(3.49)	(3.49)
FTA_time11	0.0603***	0.0481***	0.0462***	0.0465***	0.0302***	0.0302***	0.0302***
	(5.67)	(4.65)	(4.62)	(4.65)	(4.00)	(4.00)	(3.99)
cons	0.3373***	-0.0660**	-0.0701**	-0.0470	-0.0731***	0.2268***	0.2269***
	(128.56)	(-2.20)	(-2.28)	(-1.45)	(-2.99)	(4.29)	(4.29)
控制变量	否	是	是	是	是	是	是
时间固定效应	是	是	是	是	是	是	是
截面固定效应	是	是	是	是	是	是	是
N	2940	2940	2815	2815	2815	2815	2815
R^2	0.5870	0.6124	0.6458	0.6466	0.7982	0.7982	0.7982

资料来源：根据 stata14 回归结果绘制。

贸易协定条款逐渐落实，双方经济合作逐步深化，自由贸易区战略对中国出口产品质量提升作用逐渐显现。

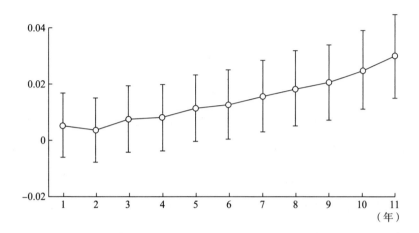

图 3 - 6 自由贸易区战略实施后中国出口产品质量的动态变化

资料来源：根据 stata14 回归结果绘制。

二 中国自由贸易区战略对出口产品质量的影响机制回归结果

基准回归结果表明，整体而言区域经济一体化促进了中国出口产品质量的提升，但是否中国对所有的区域自由贸易协定伙伴方的出口产品质量均得到了提高呢？本节将从中国的自由贸易协定成员与协定条款异质性角度分析自由贸易区战略对出口产品质量的影响机制。

1. 伙伴方的制度水平

从贸易伙伴方角度看，自由贸易协定伙伴方对区域自由贸易协定的执行质量必然会影响到自由贸易协定的经济效应。

为了考察伙伴方对自由贸易协定执行尺度的异质性对出口产品质量的影响，本节设置自由贸易协定执行质量国别水平变量。变量拟合标准来自政体数据库（Polity Ⅳ，1800～2016年），该数据库通过多项数据对政体进行评分。本节选择数据库中的 EXCONST 指标进行度量，EXCONST 指标用于衡量一个政体中对顶层执行机构决策权的制度性约束强度，约束强度越高，自由贸易协定的执行持续性与强度的保障就越大。根据实证方程（3.11）对数据进行估计，具体结果见表3－9，其中回归结果第（1）列为没有控制变量的基础估计，第（2）～（7）列分别加入了伙伴方的收入水平、双边实际汇率、基础设施水平、出口贸易额、地理距离和建交年份等控制变量。

表3－9显示，双重差分项与贸易伙伴方制度水平的交叉项对中国出口产品质量的影响约为1.63%，这个结果在1%统计水平下显著，即与高制度质量国家签订自由贸易协定能显著提高对该地区的出口产品质量，而且提升作用显著高于基准回归结果①。可见，自由贸易协定对中国出口产品质量的提升效果存在显著的国家异质性。由于国家内部制度对国际贸易

---

① 对于这个实证结果，本节进一步以伙伴方制度质量的得分为基础设置制度质量虚拟变量，5分以上为高质量等级，5分以下为低质量等级，采用核匹配计算倾向得分，并运用 PSM-DID 方法将中国对高/低制度质量处理组经济体在自由贸易协定实施后的出口产品质量分别进行评估。结果显示自由贸易区战略实施对中国出口到高制度质量处理组国家产品质量双重差分检验结果为0.038，并且在1%水平下显著；自由贸易区战略实施对中国出口到低制度质量处理组国家产品质量双重差分检验结果为0.027，但并不显著。这进一步证明与高制度质量国家签订自由贸易协定能显著提高对该地区的出口产品质量，与低制度质量国家签订自由贸易协定对中国出口产品质量的提升作用并不明显，这为以上实证提供了稳健性检验。囿于篇幅，本书未呈现具体过程与结果。

表3-9 机制分析——伙伴方制度水平检验结果

变量	(1)	(2)	(3)	(4)	(5)	(6)	(7)
FTA × policy	0.0154*	0.0327***	0.0349***	0.0355***	0.0160***	0.0160***	0.0163***
	(1.79)	(3.89)	(4.30)	(4.38)	(2.59)	(2.59)	(2.63)
FTA	-0.0000	-0.0322**	-0.0374***	-0.0379***	-0.0128	-0.0128	-0.0132
	(-0.00)	(-2.33)	(-2.82)	(-2.85)	(-1.27)	(-1.27)	(-1.30)
cons	0.3371***	-0.1046***	-0.1013***	-0.0753***	-0.0877***	0.2060***	0.2062***
	(127.31)	(-3.42)	(-3.27)	(-2.32)	(-3.56)	(3.91)	(3.91)
控制变量	否	是	是	是	是	是	是
时间固定效应	是	是	是	是	是	是	是
截面固定效应	是	是	是	是	是	是	是
N	2913	2913	2796	2796	2796	2796	2796
R^2	0.5845	0.6140	0.6468	0.6477	0.7971	0.7971	0.7971

资料来源：根据 stata14 回归结果绘制。

存在外部性，因此与制度质量高的国家签订自由贸易协定更能促进出口产品质量的提升，而与制度质量低的国家签订自由贸易协定并不能有效促进出口产品质量提升。综上，只有综合考量不同国家和地区的文化、经济、制度等综合因素，实施差异化的谈判策略，才能真正发挥自由贸易协定对一国出口贸易的提升作用。

2. 双边投资协议

双边投资协议是一个经济体参与国际分工、提高国际竞争水平的重要路径。景光正和李平（2016）运用中国省际面板数据分析表明，OFDI 能够通过市场深化、技术反馈以及资源配置三种机制提升出口产品质量。本章认为投资协定的存在促进了中国的地区性投资，进而促进了出口产品质量的提升。为检验这一影响机制，设置双边投资协议虚拟变量 inv_{it}，若中国在 t 期与经济体 i 签订投资协议，则取值为 1，若与经济体 i 未签订投资协议，则取值为 0。并根据模型（3.12）对实证数据进行估计，具体结果见表 3 – 10。估计结果第（1）列为没有控制变量的基础估计，估计结果第（2）~（7）列分别加入了伙伴方的收入水平、双边实际汇率、基础设施水平、出口贸易额、地理距离和建交年份等控制变量。

表 3 – 10 结果显示：双重差分项与双边投资协议虚拟变量的交叉项对中国出口产品质量的影响为正，在逐步加入控制变量后这一结果依然保持显著，说明投资协议能够通过区域自由贸易协定来促进 OFDI 流入，推动中国企业在该地区的市场深化，从而有助于提高中国向当地出口的产品质量。因此，

表 3 – 10　机制分析——双边投资协议检验结果

变量	(1)	(2)	(3)	(4)	(5)	(6)	(7)
$FTA \times Investment$	0.0327***	0.0276***	0.0277***	0.0276***	0.0144***	0.0144***	0.0145***
	(6.41)	(5.57)	(5.79)	(5.77)	(3.97)	(3.97)	(4.00)
FTA	0.0076*	0.0057	0.0037	0.0042	0.0051	0.0051	0.0051
	(1.67)	(1.29)	(0.87)	(1.00)	(1.58)	(1.58)	(1.58)
$cons$	0.3373***	-0.0700**	-0.0749**	-0.0511	-0.0756***	0.2195***	0.2198***
	(128.73)	(-2.34)	(-2.44)	(-1.59)	(-3.11)	(4.18)	(4.19)
控制变量	否	是	是	是	是	是	是
时间固定效应	是	是	是	是	是	是	是
截面固定效应	是	是	是	是	是	是	是
N	2940	2940	2815	2815	2815	2815	2815
R^2	0.5867	0.6127	0.6461	0.6468	0.7982	0.7982	0.7982

资料来源：根据 stata14 回归结果绘制。

121

双边投资协议是自由贸易区战略提升中国出口产品质量的又一条有效渠道。

三 结论与启示

本章以中国实施"自由贸易区战略"为准自然实验，首先测算 1995～2015 年中国对全球 140 个经济体的出口产品质量数据并以此为基础建立研究样本；其次构建多期双重差分模型考察中国参与区域贸易自由化进程对出口产品质量的影响效果；最后进一步分析自由贸易区战略对中国出口产品质量的作用机制，得到较为稳健的实证结果。结果表明：自由贸易区战略显著地提升了中国出口产品质量，而且自由贸易区战略对中国出口产品质量的作用具有明显的政策时滞效应；从作用机制看，自由贸易协定伙伴方的制度质量对中国出口产品质量存在异质性，与制度质量高的经济体签订自由贸易协定更能提高中国出口产品质量，双边投资协议也是自由贸易区战略改善中国出口产品质量的重要路径。因此，在"自由贸易区战略"推进过程中，就提升中国出口产品质量角度而言，除了扩大自由贸易协定伙伴方范围，更重要的是在内部制度水平方面对伙伴方有所选择，同时通过投资协议等扩展自由贸易协定内容。

当前，中国经济正处于向高质量发展转型升级的关键时期，出口产品质量升级是中国向全球价值链分工高端环节攀升的必然路径。贸易自由化是提升出口产品质量的重要途径，当前多边贸易自由化进退踟蹰，区域贸易协定就成为提升中国出口产品质量的重要载体，因此本章的研究结论具有较强的政策启示，具体而言可以采取以下措施。首先，要积极地推进自由贸易区战略。自由贸易区战略是提升中国出口产品质量的重要途径，中国政府应该稳步扩大中国的自由贸易协定伙伴方，提升自由贸易协定伙伴方在中国对外贸易中的比重，并逐步带动中国出口产品质量升级。其次，要审慎选择自由贸易协定伙伴方。就提升出口产品质量作用效果而言，中国当前应该选择内部政策稳定、具有较高制度水平的经济体签署自由贸易协定，这样有利于自由贸易协定条款执行标准的稳定和延续，也便于国内出口企业培植自由贸易协定伙伴方市场，从而更好地推动中国出口产品质量提升。最后，要在自由贸易协定中普及投资协议。通过自由贸易协定中的投资协议促进国内出口企业"走出去"，便于 OFDI 企业深耕海外市场，实现贸易与投资的良性互动，优化国内市场与国际市场之间的资源配置，实现中国出口产品质量的升级。

第四章

中国自由贸易区战略的
福利效应评估

　　本章将在之前中国自由贸易区战略影响贸易福利的理论
分析基础上，提出中国 FTA 战略影响贸易福利水平的实证框
架并进行相应的政策评价，主要包括三个步骤：一是政策性
贸易成本弹性估计与福利水平测算；二是 FTA 战略对贸易福
利水平的影响估计；三是 FTA 战略对贸易福利水平的影响渠
道分析。

第一节　实证框架与数据介绍

　　本节将基于中国 1998 ~ 2018 年对 160 个贸易伙伴的 HS -
6 分位贸易数据，采用双重差分和工具变量（IV）方法建立评
估中国 FTA 战略福利效应的实证分析框架。

一　中国自由贸易区战略福利效应的实证框架构建

1. 中国 FTA 战略的政策介绍

2001 年中国加入 WTO 后，区域贸易自由化进程也开始提速。2002 年，中国同东盟正式签订了中国第一个 FTA 协议，2020 年签署的《区域全面经济伙伴关系协定》（RCEP）是中国 FTA 战略重要的阶段性成果。2007 年中国正式提出实施自由贸易区战略，2012 年进一步提出加快 FTA 战略的实施速度；2013 年再次提出要以周边市场为基础，继续加快实施 FTA 战略，形成面向全球的、高标准的 FTA 网络。截至 2021 年底，中国共签署 21 份 FTA 协议，包括 5 份 FTA 升级协议，升级协议反映了 FTA 协议的深化①。其中，在本节样本期内签署并生效协议为 14 份，具体见表 4 - 1。

表 4 - 1　1998 ~ 2018 年中国签署 FTA 协议

FTA 伙伴方	签订日期	生效日期
中国香港	2003 年 6 月	2004 年 1 月

① 5 份升级协议签署与生效时间如下。中国 - 新西兰 FTA 协议在 2008 年 4 月 7 日签署，2008 年 10 月 1 日生效；升级协议 2021 年 1 月 26 日签署，2022 年 4 月 7 日生效。中国 - 新加坡 FTA 协议在 2008 年 10 月 23 日签署，2009 年 1 月 1 日生效，升级协议在 2018 年 11 月 12 日签署，2019 年 10 月 16 日生效。中国 - 智利 FTA 协议在 2005 年 11 月 18 日签署，2006 年 10 月 1 日实施；升级协议在 2017 年 11 月 11 日签署，2019 年 3 月 1 日生效。中国 - 巴基斯坦 FTA 协议在 2006 年 11 月签署，2007 年 7 月生效；第二阶段协议在 2019 年 4 月 29 日签署，2019 年 12 月 1 日生效。中国 - 东盟 FTA 协议在 2002 年 11 月 4 日签署，2003 年 7 月 1 日生效，升级协议在 2015 年 11 月 22 日签署，2019 年 10 月 22 日全面生效。

FTA 伙伴方	签订日期	生效日期
中国澳门	2003 年 10 月	2004 年 1 月
东盟*	2004 年（G）/2007 年（S）/2009 年（I）	2005 年（G）/2007 年（S）/2010 年（I）
智利	2005 年（G）/2008 年（S）/2012 年（I）	2006 年（G）/2010 年（S）/2012 年（I）
巴基斯坦	2006 年（G）/2009 年（S）	2007 年（G）/2009 年（S）
新西兰	2008 年 4 月	2008 年 10 月
新加坡	2008 年 10 月	2009 年 1 月
秘鲁	2009 年 4 月	2010 年 3 月
哥斯达黎加	2010 年 4 月	2011 年 8 月
冰岛	2013 年 4 月	2014 年 7 月
瑞士	2013 年 7 月	2014 年 7 月
韩国	2015 年 6 月	2015 年 12 月
澳大利亚	2015 年 6 月	2015 年 12 月
格鲁吉亚	2017 年 5 月	2018 年 1 月

*《中国-东盟全面经济合作框架协议》在 2002 年 11 月签署，《中国-东盟全面经济合作框架协议货物贸易协议》在 2004 年 11 月签署。

注：G 为货物（Goods），S 为服务（Service），I 为投资（Investment），如果没有进行特别标注，则表示这一 FTA 协议是涵盖了货物、服务和投资的一揽子协议。

资料来源：根据中国自由贸易区服务网（http://fta.mofcom.gov.cn）资料整理。

2. 政策性贸易成本的弹性估计与福利水平测算

（1）政策性贸易成本的弹性估计。在传统引力模型框架下估计政策性贸易成本对贸易流量的弹性，会面临内生性问题的严峻挑战：一是贸易流量对贸易成本非常敏感，然而固定贸易成本很多且难以完全控制，很容易遗漏变量（Anderson and Wincoop，2003；Bergstrand et al.，2015）；二是在面板数据中所有的贸易政策都被设定为存在共同的平均偏效应，容易产生测量误差（Baier et al.，2014）；三是零贸易值问题会影响国家选择，传统研究中天然地忽略或通过 Tobit 截尾去掉零贸易值会高估 FTA 的弹性（Head and Mayer，2014）。针对以上问题并总结已有研究方法，本节将贸易成本的弹性估计方程设定为：

$$\ln X_{ijmt} = \alpha + \varepsilon_i \ln t_{ijmt} + \beta_1 \ln DIST_{ijt} + \beta_2 ADJ_{ijt} + \beta_3 LANG_{ijt} +$$
$$\beta_4 RELIG_{ijt} + \beta_5 LEGAL_{ijt} + \beta_6 COLONY_{ijt} + \beta_7 \ln MARC_{ijmt} +$$
$$\beta_8 \ln GDP_{it} + \beta_9 \ln GDP_{jt} + \eta_i + \eta_m + \theta_t + \upsilon_{ijmt} \qquad (4.1)$$

式（4.1）中，X_{ijmt} 为 t 期贸易伙伴 i 的 m 产品对中国的出口额；ε_i 为中国对贸易伙伴 i 的可变贸易成本弹性；t_{ijmt} 为可变贸易成本，使用关税作为代理变量；$DIST_{ijt}$、ADJ_{ijt}、$LANG_{ijt}$、$RELIG_{ijt}$、$LEGAL_{ijt}$ 与 $COLONY_{ijt}$ 为多边阻力项，分别拟合进出口方之间的距离、是否存在毗邻关系、是否存在共同语言、宗教相似性、是否存在共同法律渊源、是否存在历史殖民关系；$MARC_{ijmt}$ 为 i 方厂商因为文化或消费习惯差异而在 j 方市场的学习成本，为过去三年（包含本期）出口方 i 的 m 产品在出口目的地市场 j 的累积销售量与当期销售量的比值；GDP_{it} 与 GDP_{jt} 分别为 t 期贸易伙伴方 i 和中国的市场容量；η_i、η_m 与 θ_t 分别为出口方、产品与时间固定效应；υ_{ijmt} 为服从独立同分布的随机误差项。相对于之前的估计，式（4.1）根据实证研究的最新进展进行了以下改进：

第一，对于政策性固定出口成本的遗漏变量，Baier 等（2018）将固定出口成本分为自然与政策性两类，式（4.1）通过 $DIST_{ijt}$、ADJ_{ijt}、$LANG_{ijt}$、$RELIG_{ijt}$、$LEGAL_{ijt}$ 与 $COLONY_{ijt}$ 这六个标准多边阻力项拟合自然与政策性固定出口成本（Redding and Venables，2004；Helpman et al.，2008）；通过 $MARC_{ijmt}$ 拟合 i 方厂商的学习成本，代理多边阻力项之外的消费文化或习惯差异；同时使用产品层面细分面板数据和相应的固定效应，以获得 FTA 战略对贸易流量影响的平均处理效应的无偏与一致的估计结果（Eicher et al.，2012；Head and Mayer，2014；Baier et al.，2018）[①]。

第二，式（4.1）使用产品层面关税数据拟合可变贸易成本，而非对贸易自由化政策设置虚拟变量。同时，考虑到中国与不同贸易伙伴间的可变贸易成本弹性具有异质性，使用分组回归获得中国对每个贸易伙伴的可变贸易成本弹性，尽量减少可变贸易成本的测量误差。

第三，对于零贸易值问题，本节将根据 Head 和 Mayer（2014）以及 Bergstrand 等（2016）的建议，通过泊松伪最大似然估计法（PPML）予以解决，并将与其他方法的估计值进行对比。

（2）贸易福利水平的测算。在获得国别层面的政策性可

[①] 由于中国对不同贸易伙伴的贸易弹性存在异质性，本节分组进行拟合，因此没有设置国家对固定效应。

变贸易成本弹性 ε_i 后，即根据第二章式（2.13）计算中国对贸易伙伴方的福利水平。其中，t 期中国关税收入占 GDP 比值 π_{jt} 使用 $\pi_{jt} = \sum_{im} \sum_n t_{im,njt} \times IMPORT_{im,njt} / GDP_{jt}$ 进行计算；对本国商品消费比例 e_{ijt} 通过 $e_{ijt} = (Y_{jt} - X_{jt}) / Y_{jt}$ 进行计算。

3. 中国 FTA 战略对贸易福利水平的影响

将中国签署的 FTA 协议作为外生政策冲击，评估 FTA 战略对中国福利水平的影响。在估计过程中，同样会受内生性问题困扰，这主要来自 FTA 协议非外生性与遗漏变量的挑战。由于中国缔结的 FTA 协议时间不同，本节首先使用连续倍差法（DID）进行估计（Beck et al., 2010）。估计方程被设定为：

$$welfare_{ijt} = \beta_0 + \beta_1 FTA_{ijt} + \beta_2 \ln X_{ijt} + \eta_i + \theta_t + u_{ijt} \qquad (4.2)$$

式（4.2）中，$welfare_{ijt}$ 是根据第二章式（2.13）计算的贸易福利水平；FTA_{ijt} 用于识别 FTA 协议对福利水平影响的平均处理效应。具体而言，在 DID 估计中 $FTA_{ijt} = FTA_{ij} \times Post_t$，其中 1/0 虚拟变量 FTA_{ij} 拟合经济体 i 有/没有与中国签订 FTA 协议；考虑到开始 FTA 谈判就会对企业的贸易行为产生影响，政策时间虚拟变量 $Post_t$ 拟合 FTA 谈判年之前/之后（含谈判当年）。η_i 与 θ_t 为时间与截面固定效应。X_{ijt} 为式（4.1）中的多边阻力项 $DIST_{ijt}$、ADJ_{ijt}、$LANG_{ijt}$、$RELIG_{ijt}$、$LEGAL_{ijt}$、$COLONY_{ijt}$ 与 $\ln MARC_{ijmt}$ 以及中国市场容量 GDP_{jt}。

同时，针对 FTA 变量存在的非外生性与遗漏变量问题，也有研究通过工具变量（Lee and Swagel, 1997）及依靠固定效应和一阶差分进行处理（Abadie and Imbens, 2006；Kohl,

2014）。本节也将构造 FTA 的工具变量，对式（4.2）DID 估计的结果进行稳健性检验。具体从两个方向构造工具变量。

第一个方向是采用份额移动法（shift-share），即 Bartik 工具变量。该方法由 Bartik 于 1991 年提出，基本思想是通过分析单元的初始份额构成与总体增长率模拟各年估计值，该估计值与实际值相关但与残差项不相关。本节以双边关税为份额指标，i 对 j 的关税即由 1 分位行业 m 的关税加权构成，如果 $m \in M$，则有 $X_{ijt} = \sum_{m \in M} t_{ijmt} \times w_{ijmt}$，$w_{ijmt}$ 为权重。将样本初始年份 1998 年记为 t_0，并定义 G_{imt} 为 i 的 1 分位行业 m 在 t 期的全球贸易量相对于初始期 t_0 的增长率，份额移动法构造 FTA 的 Bartik 工具变量 $IV1 - FTA_{ijt} = \sum_{m \in M} t_{ijmt_0} \times w_{ijmt} \times (1 + G_{imt})$。Bartik 工具变量 $IV1 - FTA_{ijt}$ 通过 i 与 j 之间的初始关税水平与外生的关税变化率交乘得到，控制各类固定效应后该变量不会与其他影响 FTA 成立的残差项相关，同时该变量肯定与 i 和 j 双边建立 FTA 的概率高度相关。因此，Bartik 工具变量能较好地解决由遗漏变量、反向因果等原因导致的内生性问题，得到一致性估计结果（赵奎等，2021）。同样，i 对 j 的出口额也可以作为构造 i 与 j 之间 FTA 的 Bartik 工具变量的指标，记为 $IV2 - FTA_{ijt} = \sum_{m \in M} X_{ijmt_0} \times (1 + G_{imt})$。

构造 FTA 工具变量的第二方向是基于 Lewbel（2012）的思路，通过异方差构造工具变量 $IV3 - FTA_{ijt}$：首先估计协变量对 FTA 的解释程度，得到残差 $\hat{u}$；其次将 $(Z - \bar{Z})\hat{u}$ 作为工具变量进行 2SLS 估计，得到修正自选择问题后的 FTA。其中 Z

为协变量中的部分或全部元素，$\overline{Z}$ 为 Z 的样本均值。

4. 中国 FTA 战略对贸易福利水平的影响机制分析

第二章的式（2.16）~（2.19）已经在理论上证明双边 FTA 协议通过集约与扩展边际影响福利水平。进一步地，式（4.2）的估计获得了 FTA 战略对中国福利水平的平均处理效应。贸易边际是福利水平的前定变量，分析其在 FTA 战略影响福利水平中的作用时，本节将以式（4.2）的估计结果为基础，首先根据式（2.19）建立实证方程并通过 DID 方法估计 FTA 战略对贸易边际的作用，具体见式（4.3）：

$$IM_{it} = \gamma_0 + \gamma_1 FTA_{ijt} + \gamma_2 \ln X_{ijt} + \eta_i + \upsilon_{ijt}$$
$$EM_{it} = \rho_0 + \rho_1 FTA_{ijt} + \rho_2 \ln X_{ijt} + \eta_i + \upsilon_{ijt} \tag{4.3}$$

式（4.3）中，IM_{it} 和 EM_{it} 分别为经济体 i 的集约边际和扩展边际；γ_1 与 ρ_1 为 FTA 战略对 i 方集约与扩展边际的平均处理效应。如果式（4.3）估计结果中的 γ_1 与 ρ_1 统计上显著，式（4.2）估计结果中的 β_1 同样在统计上显著，那么结合式（2.19）即在逻辑上证实贸易边际是 FTA 战略提升贸易福利水平的影响机制。进一步地，为了评估贸易边际对贸易福利水平的具体影响并对推论 2 进行检验，本节构造识别方程：

$$welfare_{ijt} = \chi_0 + \chi_1 IM_{it} + \chi_2 EM_{it} + \chi_3 \ln X_{ijt} + \chi_4 IM_{it} \times \ln X_{ijt} +$$
$$\chi_5 EM_{it} \times \ln X_{ijt} + \eta_i + \theta_t + \upsilon_{ijt} \tag{4.4}$$

式（4.4）中，X_{ijt} 中包含 $\ln t_{ijt}$、$RELIG_{ijt}$ 与 $LEGAL_{ijt}$ 分别拟合政策性可变与固定出口成本。式（4.4）一方面检验贸易边际对福利水平的作用，另一方面也考察政策性可变与固定出口成本在贸易边际影响福利水平中的作用。

二　数据来源与变量介绍

本节实证研究所用贸易数据为 1998～2018 年中国对全球 160 个经济体的 HS－6 分位数据，贸易及相关变量数据来源于 CEPII 数据库：贸易流量数据来自 CEPII-BACI 数据库，包括 t 期中国对贸易方 i 的进口额（$IMPORT_{injt}$）与出口额（$EXPORT_{injt}$）。

1. 变量拟合

固定贸易成本变量中，i 方厂商在 j 方市场的学习成本 $MARC_{ijt}$，用过去三年（包含本期）i 在中国市场 j 的累积销售量与当期销售量的比值拟合，使用 CEPII-BACI 数据库贸易流量数据计算；多边阻力项中的双边距离 $DIST_{ijt}$ 与是否存在毗邻关系 ADJ_{ijt} 代理双边非政策性可变贸易成本，宗教相似性 $RELIG_{ijt}$ 与是否存在共同语言 $LANG_{ijt}$ 代理双边非政策性或自然固定出口成本，是否存在共同法律渊源 $LEGAL_{ijt}$ 和是否存在历史殖民关系 $COLONY_{ijt}$ 拟合双边政策性固定出口成本。根据惯例，以上变量均乘以双边汇率以转变为时变变量。以上多边阻力项指标直接来自 CEPII-Gravity 数据库和 CEPII-GeoDist 数据库。

宏观变量指标包括 t 期 i 与 j 的名义与实际国内生产总值 GDP_{it}、GDP_{jt}、$RGDP_{it}$、$RGDP_{jt}$，t 期 i 与 j 货币的名义与实际汇率 $EXCH_{ijt}$、$REXCH_{ijt}$，以上指标直接来自 World Bank 数据库；t 期中国对贸易方 i 的产品 n 加征的进口关税 t_{ijnt} 数据来自 WITS 和 WTO 数据库；FTA 虚拟变量 FTA_{ijt} 数据根据中国自由贸易服务网（http://fta. mofcom. gov. cn）资料整理。

此外，本节还有三个关键变量需要计算：

贸易福利（$welfare_{ijt}$）：t 期中国与贸易方 i 贸易获得的福利水平。具体计算根据式（2.13），即 $G_{jt} = 1 - (1 - \pi_{jt}) e_{jjt}^{-1/\varepsilon}$，国别贸易弹性 ε_i 来自实证估计，本国商品消费比例 e_{jjt} 用 $e_{jjt} = (Y_{jt} - X_{jt})/Y_{jt}$ 计算得到；关税收入占比 π_{jt} 使用 $\pi_{jt} = \sum_{im} \sum_n t_{im,njt} \times IMPORT_{im,njt}/GDP_{jt}$ 计算。

扩展边际（EM_{ijt}）：t 期贸易伙伴方 i 对中国出口的扩展边际，具体计算式为 $EM_{ijt} = (\sum_{n \in N_{ijt}} IMPORT_{W,njt})/(\sum_{n \in N_{wjt}} IMPORT_{W,njt})$。其中 N_{ijt} 为 t 期中国从贸易方 i 进口产品种类集合，N_{wjt} 为 t 期中国从世界进口产品种类集合，$IMPORT_{W,njt}$ 为 t 期中国对世界的进口额。

集约边际（IM_{ijt}）：t 期贸易伙伴方 i 对中国出口的集约边际，具体计算式为 $IM_{ijt} = (\sum_{n \in N_{ijt}} IMPORT_{i,njt})/(\sum_{n \in N_{ijt}} IMPORT_{W,njt})$。

2. 变量统计性描述

以上关键变量的描述性统计展示见表 4 - 2。

表 4 - 2　关键变量描述性统计

变量名称	变量含义	样本量	均值	标准差	最小值	最大值
$welfare_{ijt}$	贸易福利	3276	0.365	0.265	0.022	1.000
FTA_{ijt}	自由贸易协定	3276	0.073	0.261	0	1
EM_{ijt}	扩展边际	3276	0.233	0.264	0	1.110
IM_{ijt}	集约边际	3276	0.012	0.030	0	0.686
$\ln GDP_{it}$	出口方 GDP 对数	3276	24.074	2.181	19.163	30.676
$\ln GDP_{jt}$	进口方 GDP 对数	3276	29.008	0.888	27.631	30.270

续表

变量名称	变量含义	样本量	均值	标准差	最小值	最大值
$\ln RGDP_{it}$	出口方实际 GDP 对数	3276	24.025	2.330	17.034	30.516
$\ln RGDP_{jt}$	进口方实际 GDP 对数	3276	29.241	0.647	28.213	30.035
$EXCH_{ijt}$	进口方汇率	3276	7.316	0.852	6.143	8.279
t_{ijnt}	关税	3276	15.640	13.639	0	164.722
$\ln DIST_{ij}$	双边距离	3276	8.994	0.542	6.862	9.868
ADJ_{ij}	是否存在毗邻关系	3276	0.090	0.286	0	1
$RELIG_{ij}$	宗教相似性	3276	0.093	0.056	0	0.182
$LANG_{ij}$	是否存在共同语言	3276	0.282	0.450	0	1
$LEGAL_{ij}$	是否存在共同法律渊源	3276	0.115	0.320	0	1
$COLONY_{ij}$	是否存在历史殖民关系	3276	0.006	0.080	0	1

资料来源：根据 stata14 统计结果整理。

3. 二元边际的测算

如前所述，本节根据 Hummels 和 Klenow（2005）的理论基础，使用式（2.14）$EM_{ijt} = \sum_{m \in Mi} X_{jmt} / \sum_{m \in M} X_{jmt}$ 和 $IM_{ijt} = \sum_{m \in Mi} X_{ijmt} / \sum_{m \in M} X_{jmt}$，分别测算 1998～2018 年中国与贸易伙伴进行贸易的扩展边际和集约边际，本节的测算分别在 HS - 1 分位、HS - 3 分位和国家/地区层面进行。由于行业层面的二元边际变化趋势与国家/地区层面接近，且本节使用国家/地区层面的二元边际数据进行分析，故而展示以与中国的贸易额为权重的国家/地区层面年份加权后的二元边际时间序列数据，绘制图形如图 4 - 1 所示。

如图 4 - 1 所示，1998～2018 年中国的扩展边际明显高于

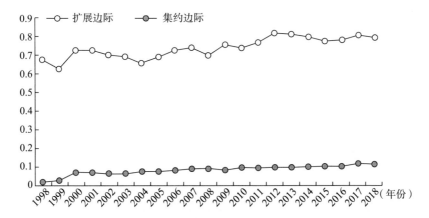

图 4 - 1　1998～2018 年中国扩展边际和集约边际变化趋势

资料来源：根据 stata14 回归结果整理并绘制。

集约边际水平，且二者均有上升趋势。其中，扩展边际是在波动中上升，上升幅度和波动性均相对较大；集约边际虽然也在上升，但趋势相对比较平稳。因此，在一定程度上可以提供二元边际对中国自由贸易的影响的直觉，即扩展边际是中国贸易提升的主要动力，集约边际产生的影响相对较小。这一直觉与理论框架下的研究结果一致。

第二节　贸易弹性与贸易福利计算

一　贸易弹性估计结果

根据式（4.1），本节使用传统 OLS 方法估计常规的贸易弹性，常规贸易弹性对于不同贸易伙伴不具有异质性，仅为一个特定常数。同时囿于方法本身的特性，OLS 方法在弹性估计过程中会自动忽略零贸易样本。因此，本节进一步使用 PPML 估计常规贸易弹性，虽然贸易弹性仍为单一值，但 PPML 可以利用零贸易值中的信息，且对于异质性问题解决也有裨益。最后，本节同样基于 PPML 方法，通过分组回归估计具有异质性的可变贸易成本弹性 ε_i。三种方法计算得到的贸易弹性结果报告见表 4－3。

表 4－3　贸易成本弹性估计结果

变量名称	变量含义	25%分位数	中位数	75%分位数
εols	OLS 估计常规贸易弹性		2.6542	
$\varepsilon ppml$	PPML 估计常规贸易弹性		0.5755	
$\varepsilon i\ ppml$	异质性贸易弹性	0.3955	0.8063	1.5216

资料来源：根据 stata14 计算结果整理。

表 4－3 结果显示 OLS 方法的估计结果与 PPML 和异质性贸易弹性估计结果相差很大。使用 PPML 方法，为所有贸易伙伴赋予相同的贸易弹性——0.5755。考虑贸易伙伴的异质性后得到的贸易弹性结果显示，25% 分位数为 0.3955，75% 分位数为 1.5216，相差很大，中位数为 0.8063，与卢向前和戴国强（2005）测算结果相近。

二　贸易福利水平结果

根据以上弹性估计结果，并结合中国对本国商品消费的比例 e_{jjt} 以及中国关税收入占总收入的比例 π_{jt}，用式（2.13）计算中国从贸易中获得的福利水平。其中 OLS 和 PPML 方法得到的常规贸易福利均为中国 1998～2018 年的时间序列福利，仅 21 个数值；异质性贸易弹性所计算的福利为面板数据，存在时间水平和截面水平的变化，有 3360 个数值。以上三种估计方法得到的贸易福利结果见表 4-4。

表 4-4　贸易福利计算结果

变量名称	变量含义	25%分位数	中位数	75%分位数
$welfare^{ols}$	OLS 常规贸易福利	0.0821	0.0917	0.1059
$welfare^{ppml}$	PPML 常规贸易福利	0.3327	0.3650	0.4106
$welfare_{ijt}$	异质性贸易福利	0.1640	0.2788	0.5040

资料来源：根据 stata14 计算结果整理。

　　由于 OLS 和 PPML 常规贸易福利均为只有 21 个值的时间序列，贸易福利百分位数差异较小。异质性贸易福利为面板数据，其分布差异较大，中位数为 0.2788。本节首先取每年异质性贸易弹性中位数获得的异质性贸易福利水平记为 $welfare_{midh}$。其次，以贸易方 GDP 为权重，对异质性贸易福利进行加权记为 $welfare_{weigdp}$，得到中国两组时间序列福利。最后将 $welfare^{ols}$、$welfare^{ppml}$、$welfare_{midh}$ 和 $welfare_{weigdp}$ 分别绘制为折线图（见图 4-2）。

　　如图 4-2 所示，四组贸易福利变化趋势基本相同，从 1998 年以来，相对于封闭状态中国从对外贸易中获得的福利效应持续上升，在 2008 年全球金融危机前达到顶峰，并因为金融危机导致的贸易萎缩而剧烈下降，危机结束后有短暂反弹，但 2010 年后随着全球贸易保护主义的抬头呈持续缓慢下

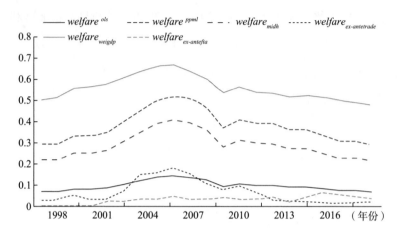

图 4 – 2　1998～2018 年中国对外贸易福利效应

资料来源：根据 stata14 计算结果绘制。

跌趋势。从福利水平看，四组福利水平数值差异较大，其中 $welfare_{midh}$ 与 $welfare^{ppml}$ 的结果较为接近，$welfare_{weigdp}$ 与 $welfare^{ols}$ 与这两组的福利值的差异较大。进一步地，本节借鉴 Costinot 和 Rodriguez-Clare（2014）的研究基础，通过本节估计的贸易弹性对 1998 年后中国贸易开放与 FTA 战略的福利水平进行反事实估计。贸易自由化反事实福利水平 $welfare_{ex-antetrade}$ 的变化趋势与前述四组福利水平基本相同，在 2004～2009 年介于 $welfare_{midh}$ 与 $welfare_{ols}$ 之间，其他时段低于 $welfare_{ols}$ 福利水平。FTA 战略反事实福利 $welfare_{ex-antefta}$ 在 2002 年后的很长时间均在 3% 左右，2014 年后逐渐上升到 7% 左右，这符合中国 FTA 战略的实施进程。在之前的研究中，Rodriguez-Clare（2007）发现占全球 GDP 1% 的国家由封闭变为无成本贸易时实际收入增加 13%～24%；Ossa（2015）发现大国贸易所得相对小国较低，其中中国的收益约为 35.3%，本节 $welfare_{ex\text{-}antetrade}$、$welfare_{midh}$ 与 $welfare^{ppml}$ 的结果与之较为接近，证明本节对中国贸易开放的福利水平测度结果合理而且可信。

第三节　自由贸易区战略对中国福利水平的影响与机制

根据式（2.13）测算的福利水平为中国贸易开放的总福利效应，其中自然也包括了 FTA 战略的影响。为了进一步分析 FTA 战略对福利水平的作用与机制，本节根据式（4.2）估计中国签署的 FTA 协议对本国福利水平的影响。为消除可能由序列相关和异方差问题引起的误差，本节所有回归过程均采用贸易伙伴层面聚类稳健标准误。

一　自由贸易区战略对中国福利水平的影响效应

1. 基础回归结果

根据式（4.2），连续 DID 模型的估计结果见表 4-5。第（1）列为福利水平直接对 FTA 政策交乘项的估计结果；第（2）列加入了标准的多边阻力项；第（3）列参考经典贸易引力文献 Bergstrand 等（2015）的做法，加入政策的后推项 $FTA_{ij,t+4}$ 考察模式是否存在遗漏变量导致的内生性问题，若该项回归结果显著，则表明回归可能存在较为严重的内生性问题；第（4）列加入了政策的前推项 $FTA_{ij,t-1}$，通过虚构政策时间进行必要的安慰剂检验。

表 4 - 5　FTA 战略对贸易福利的影响回归结果

变量	（1）	（2）	（3）	（4）
FTA_{ijt}	0.0639 **	0.0518 ***	0.0517 ***	0.0605 ***
	（2.42）	（2.65）	（2.69）	（2.96）
$FTA_{ij,t+4}$			0.0151	
			（0.87）	
$FTA_{ij,t-1}$				-0.0139
				（-1.35）
$cons$	5.6553 ***	31.6891 ***	-10.6035 *	15.4223 ***
	（12.76）	（13.38）	（-1.79）	（7.01）
R^2	0.0797	0.3420	0.2520	0.3424
N	3120	2945	2321	2945
控制变量	NO	YES	YES	YES
时间固定效应	YES	YES	YES	YES
截面固定效应	YES	YES	YES	YES

注：括号中标注的是 t 值；*、**、*** 分别表示回归结果在 10%、5%、1% 的显著性水平下显著，下同。

资料来源：根据 stata14 计算结果整理。

分析表 4 - 5 的结果，第（1）列结果显示在 5% 的显著性水平下，FTA 战略可以将中国贸易福利提升约 6.39%，即中国 FTA 战略可以提升中国的贸易福利。第（2）列添加了多边阻力项，FTA 战略对贸易福利的影响下降到 5.18%。第（3）列加入了 FTA 战略的 4 期后推项，验证模型是否存在遗漏其他引致中国贸易福利变化的变量而导致的内生性问题。估计结果显示 $FTA_{ij,t+4}$ 系数为正且不显著，说明不存在遗漏重要变量导致的估计结果有偏，同时估计结果与第（2）列接近，也再次证明模型设置合理且估计结果不存在偏误。第（4）列加入了虚构政策时间的前推项 $FTA_{ij,t-1}$，估计结果显示这项不显著，虚构政策时间的安慰剂检验通过。进一步的安慰剂检验结果见图 4-3。

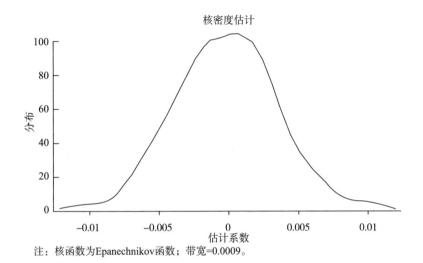

核密度估计

注：核函数为Epanechnikov函数；带宽=0.0009。

图 4-3　安慰剂检验结果

资料来源：根据 stata14 回归结果绘制。

图 4-3 安慰剂检验是随机选取处理对象虚构处理组，并观察伪政策虚拟变量的系数是否显著（石大千等，2018）。本节通过计算机随机分配 FTA 协议在中国与贸易伙伴间的缔结情况进行安慰剂检验，从已有贸易伙伴中进行 500 次随机分配，并保存回归系数，绘制系数核密度分布情况如图 4-3。估计系数的均值为 0.0009，非常接近于 0，与回归结果相比很小且不显著。所以，根据随机选取的个体虚构处理组进行估计，实证结果显示其不显著，FTA 战略对中国贸易福利的影响分析再次通过安慰剂检验。

　　DID 模型结果成立的前提是政策变化前对照组和处理组具
有相同的变化趋势，政策变化后两者变化趋势产生差异。本
节参考 Beck 等（2010）的方法，对中国 FTA 战略影响福利水
平的多期 DID 分析进行平行趋势和动态趋势检验。其中，d0
表示 FTA 协议谈判开始的时期，检验结果见图 4 – 4。图 4 – 4
显示：在 FTA 协议谈判开始前，处理组与对照组的变化趋势
基本一致，在谈判开始后两者的变化趋势逐渐出现差异，同
趋势假设基本得到满足。同时，FTA 协议谈判开始后，FTA
战略对中国贸易福利的影响为正，且在之后的几年中仍比较
稳定，说明随着双方沟通的不断深入，各项条款逐步落实，
FTA 战略对贸易福利的正向影响逐渐扩大且趋于稳定。

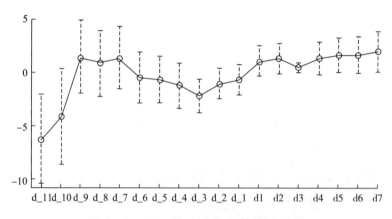

图 4 – 4　同趋势和动态趋势检验结果

2. 工具变量估计结果

　　考虑到 FTA 关系建立中可能的自选择和遗漏变量问题，
本节将继续通过前文构造的三个工具变量进行进一步回归，
三组回归中同样加入了表 4 – 5 第（2）、（3）与（4）列中的

控制变量，结果见表 4 - 6。根据表 4 - 6 中的结果，由关税为
分析单元构造的 Bartik 工具变量 $IV1$ 不能通过过度识别检验，
说明在作为 FTA 的工具变量时不能满足外生性假定，并不是
一个良好的工具变量。另外两个工具变量都较好地通过三大
检验，同时 $IV2$ 第一阶段估计结果与 FTA 存在一定相关性[①]，
证明通过贸易量构造的 Bartik IV 和根据异方差思路构造的 IV
都能达到外生性与相关性标准，是较为合格的工具变量。两
组良好 IV 变量的估计结果比较一致地显示，FTA 战略对中国
贸易福利的影响约为 5.3%，且这一结果在 1% 统计显著性水
平上显著，略大于表 4 - 5 第（2）列中的结果。因此，FTA
协议的自选择问题对政策效果的影响较小，总结 DID 与 IV 估
计的结果，FTA 战略对中国福利水平的影响约为 5%。

表 4 - 6 工具变量回归结果

	$IV1 - FTA_{ijt}$	$IV2 - FTA_{ijt}$	$IV3 - FTA_{ijt}$
第一阶段	0.0303 **	0.0523 ***	—
	(2.22)	(3.02)	—
第二阶段	0.0551 ***	0.0527 ***	0.0530 ***
	(3.10)	(2.96)	(2.96)
不可识别检验	24.371	23.225	23.101
Kleibergen-Paap rk LM（P-val）	(0.002)	(0.003)	(0.002)
过度识别检验	81.376	8.735	8.310
Hansen J（P-val）	(0.000)	(0.272)	(0.216)

① 通过异方差思路构建的 $IV3$ 第一阶段估计结果由一组协变量结果共同构成，但弱
工具变量识别检验结果 F 统计量大于 10，证明不存在弱工具问题。

续表

	$IV1 - FTA_{ijt}$	$IV2 - FTA_{ijt}$	$IV3 - FTA_{ijt}$
弱工具识别检验			
Cragg-Donald Wald F	121. 389	121. 440	138. 765
Kleibergen-Paap rk Wald F	47. 371	54. 694	53. 919
R^2	0. 2245	0. 2257	0. 2466
N	2945	2945	2945

注：由于构造工具变量法需要将变量中心化，故 stata14 未报告常数项。
资料来源：根据 stata14 回归结果整理。

3. PSM-DID 估计结果

事实上，考虑到 FTA 是非自然科学实验，无法随机分配 FTA 协议的签订情况以保证对照组和处理组之间相关情况的绝对一致。本节还采用 PSM-DID 估计进行了验证，因为 PSM 可以通过匹配减少数据偏差和混杂变量对实证结果的影响，以便更合理地比较中国同对照组和处理组进行贸易的贸易福利差异。在本章的样本中，共涉及 156 个贸易伙伴，其中处理组 22 个，对照组 134 个，因此本节采用参数为 4 的近邻匹配。由于数据为面板而非截面数据，为解决跨年份匹配问题，将样本按年份拆分为 21 个样本，以保证对照组和处理组在相同年份中进行匹配，各类检验发现匹配效果较为理想。

以 2018 年为例，匹配后对照组贸易伙伴数量为 94，处理组贸易伙伴数量为 17。除 $REGAL_{ij}$ 外，匹配后，变量的标准偏误小于 5%，p 值均不显著。其中，匹配后，$RELIG_{ij}$ 在处理组和对照组之间的差异也不再显著（见表 4 - 7）。

表 4 – 7 倾向性评分平衡性检验结果

变量	样本	均值		标准偏误（%）	标准偏误绝对值减少（%）	t 统计量	
		处理组	对照组			t 值	p 值
$lnRGDP_{it}$	匹配前	25.735	24.493	67.6	95.5	2.66	0.009
	匹配后	25.727	25.671	3.0		0.07	0.941
ADJ_{ij}	匹配前	0.273	0.063	57.6	95.3	3.22	0.002
	匹配后	0.118	0.127	− 2.7		− 0.08	0.933
$LEGAL_{ij}$	匹配前	0.045	0.133	− 30.7	88.8	− 1.16	0.247
	匹配后	0.059	0.069	− 3.4		− 0.11	0.910
$RELIG_{ij}$	匹配前	0.058	0.098	− 73.0	82.5	− 3.12	0.002
	匹配后	0.066	0.074	− 12.7		− 0.35	0.728

资料来源：根据 stata14 回归结果整理。

为更加直观地显示匹配后的效果，将以上协变量匹配前后的标准偏误绘图展示，结果如图4-5所示。

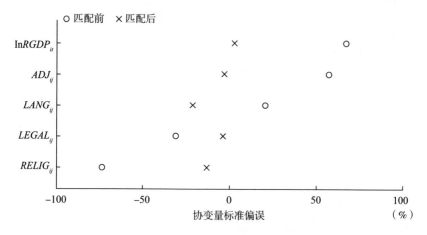

图4-5 匹配前后协变量标准偏误

资料来源：根据 stata14 回归结果整理并绘制。

且经过匹配后，处理组和对照组的概率密度分布更加相似，可比性更高。

如图4-6和图4-7所示，经过匹配后，对照组和处理组的分布更加接近。

对于匹配后的样本，进行 DID 回归分析。回归结果如表4-8所示。第（1）列中没有加入控制变量，第（2）列中加入控制变量，并且两次回归均控制了时间固定效应和截面固定效应。

基于 PSM-DID 方法的实证结果显示，没有加入控制变量时，FTA 对中国贸易福利的影响约为7%，显著性水平为5%；加入控制变量后，在5%的统计显著性水平下 FTA 对中国贸易

福利的影响约为5%，与前文的回归结果比较接近，说明本书
的回归结果较为稳健。

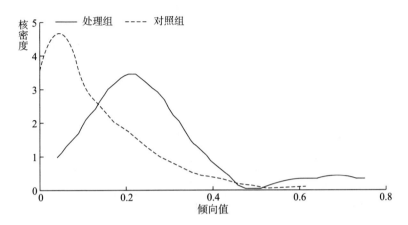

图 4 - 6　匹配前概率密度

资料来源：根据 stata14 回归结果整理并绘制。

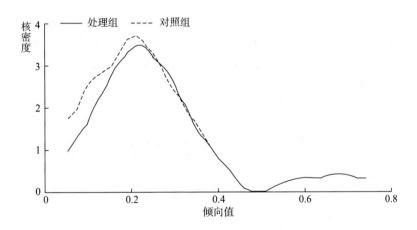

图 4 - 7　匹配后概率密度

资料来源：根据 stata14 回归结果整理并绘制。

表 4 - 8　PSM-DID 实证结果

变量	(1)	(2)
FTA_{ijt}	0.0758 **	0.0507 **
	(2.78)	(2.33)
cons	0.2549	38.3200 ***
	(0.42)	(8.92)
R^2	0.1245	0.3504
N	2240	2945
控制变量	NO	YES
时间固定效应	YES	YES
截面固定效应	YES	YES

资料来源：根据 stata14 回归结果整理。

二　贸易福利影响机制分析

理论分析结果已经证实 FTA 可以通过贸易边际影响贸易的福利水平。为了从实证分析角度证实贸易边际对福利水平的作用机制，首先根据式（4.3）估计 FTA 对贸易边际的作用效应。具体实证结果见表 4 - 9。

表 4 - 9　FTA 对二元边际的影响

变量	扩展边际		集约边际	
FTA_{ijt}	0.1292 ***	0.0356 **	0.0020	0.0036 **
	(7.46)	(2.22)	(1.16)	(2.03)
cons	0.2255 ***	- 2.4006 ***	0.0112 ***	- 0.0677 *
	(173.68)	(- 11.07)	(87.98)	(- 1.86)
R^2	0.0423	0.2678	0.0003	0.0109
N	3200	3019	3200	3019

变量	扩展边际		集约边际	
控制变量	NO	YES	NO	YES
时间固定效应	YES	YES	YES	YES
截面固定效应	YES	YES	YES	YES

资料来源：根据 stata14 回归结果整理。

表4-9中的结果显示，在控制多边阻力项与时间固定效应、截面固定效应后，FTA对扩展边际存在显著的正向影响，具体影响约为36%，但是FTA对集约边际作用较小，约为0.4%，但仍然显著。FTA对扩展边际的作用效应大于对集约边际的作用效应，理论分析中的推论1得到实证结果支持。理论分析已经证实FTA通过贸易边际影响福利水平，表4-9结果从实证角度证明贸易边际特别是扩展边际是FTA影响贸易福利水平的渠道。此外，Eaton和Kortum（2002）以及Arkolakis和Costinot（2012）的分析都表明贸易政策主要是通过改变扩展边际而影响福利水平，表4-9的实证结果为这一结论提供了中国经验分析的证据。

表4-9的实证结果显示FTA对扩展边际有显著的影响，表4-5与表4-6中的实证结果也证实FTA对贸易福利水平有显著作用，同时根据式（2.19）理论分析的结论，事实上已经在逻辑上证明贸易边际特别是扩展边际是FTA提升福利水平的机制。为了进一步分析贸易边际对贸易福利的影响，继续通过面板数据固定效应估计式（4.4），具体结果见表4-10。

表 4 - 10   二元边际对贸易福利的影响

变量	（1）	（2）	（3）	（4）
EM	0. 0516 **		0. 1288 ***	0. 0507 **
	（2. 15）		（12. 06）	（2. 09）
IM		0. 2049	- 0. 0830 *	0. 0852
		（1. 22）	（ - 1. 87）	（0. 45）
$RELIG$	0. 1922 ***	0. 1646 ***	0. 1432 ***	0. 1925 ***
	（9. 37）	（10. 83）	（9. 47）	（9. 44）
$LEGAL$	0. 0049 *	0. 0076 **	0. 0052 *	0. 0046
	（1. 74）	（2. 57）	（1. 91）	（1. 54）
$\ln t_{ijt}$	0. 0005 ***	0. 0002	0. 0002	0. 0006 ***
	（3. 03）	（1. 45）	（1. 34）	（3. 35）
$\ln GDP_{jt}$	0. 0843 ***	0. 0915 ***	0. 0784 ***	0. 0837 ***
	（17. 48）	（20. 94）	（18. 30）	（17. 55）
$IM \times RELIG$		- 0. 5806		- 0. 0094
		（ - 0. 56）		（ - 0. 01）
$IM \times LEGAL$		0. 0239		0. 0226
		（1. 45）		（1. 50）
$IM \times \ln t_{ijt}$		- 0. 0119 **		- 0. 0117 **
		（ - 2. 38）		（ - 2. 17）
$EM \times RELIG$	1. 1292 ***			1. 1306 ***
	（5. 77）			（5. 86）
$EM \times LEGAL$	0. 0127 ***			0. 0120 **
	（2. 87）			（2. 28）
$EM \times \ln t_{ijt}$	- 0. 0014 ***			- 0. 0012 ***
	（ - 3. 30）			（ - 2. 78）
$cons$	- 2. 2335 ***	- 2. 3869 ***	- 2. 0300 ***	- 2. 2195 ***
	（ - 15. 83）	（ - 19. 02）	（ - 16. 46）	（ - 15. 90）
时间固定效应	YES	YES	YES	YES

续表

变量	（1）	（2）	（3）	（4）
截面固定效应	YES	YES	YES	YES
R^2	0.2621	0.2082	0.2461	0.2663
N	3120	3120	3120	3120

资料来源：根据 stata14 回归结果整理。

如表 4 - 10 结果所示，伙伴国对中国贸易扩展边际的增长能够显著提升贸易福利水平，然而集约边际并没有显示相同的影响。同时，从政策性可变和固定出口成本与贸易边际的交乘项结果看，理论分析中关税对贸易边际的作用效果并没有得到实证结论的支持，但是制度性固定出口成本会强化扩展边际对贸易福利效应的作用。表 4 - 10 结果显示制度性固定出口成本等反映 FTA 协议深度的因素可以强化贸易边际对福利水平的作用效果，这就从实证层面证明了理论分析中推论 2 的内容。

三　研究结论与启示

FTA 战略是中国贸易自由化进程的重要组成部分。但当前针对中国贸易自由化以及 FTA 战略福利效应的研究并不多见。因此，本章基于新量化贸易理论建立实证分析框架，运用 1998～2018 年中国与 160 个贸易伙伴的 HS - 6 分位贸易数据，测度中国贸易自由化的福利效应，并进一步估计 FTA 战略对福利水平的影响大小与作用机制。研究发现贸易自由化对中国福利水平的提升幅度约为 28%；进而通过 DID 和 IV 估计分析 FTA 战略对福利水平的作用，发现 FTA 战略对贸易福利的弹性约为5%，机制分析显示扩展边际是 FTA 战略提升福利水平的主要渠道，相对于关税，政策性固定出口成本在扩展边际的影响中对福利水平的作用更明显。

贸易自由化能提升贸易方的福利水平。但当前全球范围内贸易保护主义横行和疫情肆虐，严重损害了中国的福利。为了维护中国的国家利益，根据本章的研究结论，提出如下政策建议。①坚持对外开放，积极推进多边自由贸易进程。中国当前依然需要以 WTO 为平台实施更为主动的开放战略，一方面努力降低自身的贸易壁垒，以开放促进国内经济结构优化和实现贸易平衡，另一方面积极参与和推动 WTO 改革，维护 WTO 在贸易领域的权威并尽力恢复 WTO 的生机活力。②积极参与区域经济合作，与更多经济体建立自由贸易关系。中国应该更加积极地参与区域经济合作，与更多贸易伙伴开展 FTA 谈判并建立 FTA 关系，并推动中日韩自由贸易区谈判取得进展。③力争达成并签署有深度的 FTA 协议。高质量的深度一体化协议对提升贸易方的福利水平更为显著，中国应该通过深化国内改革，建立起与新一代贸易投资规则兼容的经济发展法规体系，同时建立因参与多边化贸易平台而利益受损的产业和个体的补偿机制，升级当前 FTA 协议并与在研/在谈 FTA 潜在成员方达成深度一体化协议，降低微观贸易主体的政策性固定与可变出口成本。

第五章

中国自由贸易区战略与亚太 多边化区域贸易平台建设

21世纪以来,亚太地区是全球经济活动最活跃的地区,也成为大国力量博弈的中心。在全球贸易治理结构领域,由于以WTO为载体的多边主义贸易规则无法回应当前以全球价值链为代表的新贸易模式的要求,新兴经济体与传统大国在建立多边化区域贸易规则方面展开激烈竞争,主要表现为以《跨太平洋伙伴关系协定》(TPP)为载体的"亚太轨道"和以《区域全面经济伙伴关系协定》(RCEP)为载体的"东亚轨道"之间的巨型自由贸易协定的竞争与博弈(盛斌和果婷,2014)。

但是,特朗普就任美国总统后推行"美国优先"原则,主动退出《跨太平洋伙伴关系协定》(TPP),打破了亚太地区长期存在的双轨竞争格局。虽然"亚太自由贸易区"(FTA-AP)方案于2014年在APEC北京峰会上启动,并且日本在

2017 年 APEC 峰会上提出"全面且进步的 TPP"（CPTPP）谈判方案为 TPP"续命"，但是受制于贸易保护主义浪潮和全球不确定性风险，目前亚太多边化区域贸易平台建设的前景并不明朗。面临美国缺席亚太多边化贸易体系建设，中国能否把握住这个难得的"中国时刻"成为关键（宋泓，2017）。本章基于当前贸易保护主义盛行的现实背景，首先梳理多边化区域主义的理论缘起与现实发展，其次分析亚太多边化区域贸易平台发展进程、路径选择与发展前景，最后在此基础上提出中国的策略选择。

第一节　亚太多边化区域主义的历史缘起
与现实发展

当前，全球范围内多边化区域主义发展迅速，巨型 RTAs 为代表的多边化区域贸易平台建设不断推进：美国主导建设 TPP，并与欧盟联合启动 TTIP 谈判；东盟主导中国推动的 RCEP 谈判取得实质性成果，APEC 各成员方共同推动建设亚太自贸区（FTAAP）；等等。多边化区域合作愈发强调包容性和开放性，深度一体化特征凸显，多边化区域主义发展的主要表现有以下几点：首先，以美国为首的大国主导多边化区域贸易平台建设，以期将国内规则拓展到国际贸易规则体系，发展中国家和新兴经济体则不断融入、推进；其次，RTAs 的建设重心由大西洋两岸转移到亚太地区，亚太地区的区域经济合作进程不断加速；再次，RTAs 建设的成员规模和地域范围不断扩大，跨区域贸易协定迅猛发展；最后，RTAs 谈判内容不断深化，第二代贸易条款越来越受到成员经济体的重视。

然而，美国退出 TPP 并宣称重新协商或退出 NAFTA，这一系列行动均表明现阶段美国在全球治理上的战略发生了质的转变[1]。美国缺位的多边化区域贸易主义发展面临贸易保护主义和全球不确定性的双重风险，多边化区域贸易平台建设进入了相关推动力量对比变化和实现平台深化调整的阶段。在多边化区域主义发展最为活跃的亚太地区，美国政府退出 TPP 谈判打破了双轨竞争格局，也给亚太多边化区域贸易平台建设增加了变数。

一　亚太多边化区域贸易平台的历史缘起

亚太地区作为全球经济的新增长极，受惠于 20 世纪 90 年代以来商品贸易额和吸引外资额的迅猛增长，区域内的新区域主义模式下的双边 FTAs 迅速扩张。但亚太多边化区域贸易平台的构想要早于亚太新区域主义的发展。

亚太新区域主义起步较晚，直到 1990 年以后才真正开始区域经济一体化进程（如图 5-1 所示）。原因主要在于两个方面：一是亚太地区经济体之间复杂的历史恩怨与现实领土纠纷是区域经济合作的掣肘；二是亚太经济体利益诉求差异

---

[1] 美国原全球治理战略倾向于 G20 峰会机制为代表的多边主义和区域合作，与不同的利益集团就全球治理协调合作以确保本国利益并维护世界霸主地位。前总统特朗普上任后，美国政府的对外贸易政策转向双边谈判，逃避在全球治理中应当承担的责任。

过大阻碍区域贸易协定的产生。亚太经济体处于社会经济发展的不同阶段，而且经济体量差异巨大。在新区域主义环境下，亚太区域贸易协定难以满足不同经济体差异化的利益诉求，也难以达成规范的区域贸易协定。但是，进入区域经济一体化阶段后，亚太区域主义发展却非常迅猛，迅速从新区域主义跨越到多边化区域主义。自 2000 年以来，亚太地区的 RTAs 数量增长迅猛，截至 2021 年底，亚太地区 FTAs 统计数量总共有 275 项，是 2000 年的 5.4 倍。其中，已经生效的 FTAs 数量达到 179 项，另有 78 项协议在谈判。

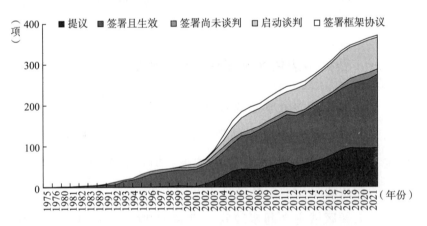

图 5-1　1975~2021 年亚太地区 FTAs 数量

资料来源：亚洲发展银行亚洲区域一体化中心 FTA 数据库。

但是，亚太多边化区域贸易平台的构想早已存在。早在 1994 年，APEC 茂物峰会上就提出了茂物目标（Bogor Goals），明确规划了发达成员于 2010 年前和发展中成员于 2020 年前实现贸易和投资自由化的目标，且这一目标在 1995 年 APEC 大阪峰会批准的《大阪行动议程》中被进一步细化为具体行动方案。茂物目标在亚太区域主义发展之初即明确了地区经济一体化的目标是追求区域内的贸易投资自由化，这与多边化区域贸易平台的目标不谋而合。此外，APEC 曾提出 FTAAP 的构想，但是囿于 APEC 的"自愿而非强制性"原则，这些构想长期议而不动。快速形成并且日益严重的亚洲面碗效应损害了成员方的利益，迫使亚太经济体不得不严肃对待亚太多边化区域贸易平台的建设。

二 亚太多边化区域贸易平台发展的主要路线

当前，亚太多边化区域贸易平台的发展主要有三大路线，即由东盟牵头、中国推动的 RCEP、美国曾主导现由日本接力的 CPTPP，以及 APEC 框架下的 FTAAP。

TPP 曾经是美国主导的高标准区域贸易协议，2008 年 2 月美国高调加入由新加坡、文莱、智利和新西兰（简称 P4）发起的 FTAs 小型谈判，并邀请澳大利亚、秘鲁等加入。到 2015 年 10 月，最终参与谈判的美国、智利、文莱、新西兰、新加坡、秘鲁、越南、澳大利亚、马来西亚、日本、墨西哥与加拿大成功结束 TPP 谈判。TPP 一度被认为是美国利益的完全体现，其谈判内容包括了农产品贸易、服务贸易、TRIPs 外的知识产权保护、标准与技术壁垒、投资保护、政府采购、原产地规则、环境与劳动标准（Elms，2009）。美国通过 TPP 可以获得扩大出口、促进就业等多方面的经济利益，更重要的是 TPP 可以实现美国"重返亚洲"的战略意图，抵制将美国排除在外的"东亚共同体"的形成，遏制中国在东亚地区日益增长的影响力，并重建美国在亚洲的领导地位（盛斌，2010）。2016 年 2 月，TPP 的 12 个成员方代表参加签字仪式，《跨太平洋伙伴关系协定》正式签署。但是，由于全球经济低迷以及贸易保护主义势力的抬头，美国两党总统候选人均认为 TPP 不再契合美国的利益需求，随后美国的退出致使 TPP 陷入群龙无首的困境。面对美国的空缺，日本表达了替代美国继续推动 TPP 发展的愿望，于 2017 年同 TPP 其他成员方召开了多次会议①，并在 APEC 2017 岘港峰会上提出了 CPTPP 谈判方案，以 TPP 的核心内容为基础力争在 11 方间再次达成协议。当前 CPTPP 为了争取实现扩员②，主动降低协议条款内容标准。CPTPP 虽然搁置了知识产权保护、投资、电信争端等条款在内的高标准，但是仍然保留了环境保护、国企、劳工标准等方面议题，以确保 TPP 协议的完整性以及总体平衡。此外，成员经济体对美国的回归翘首以盼并且预留了简便程序③。与此同时，加拿大和澳大利亚等主要成员经济体对日本的主导地位存在异议。在缺乏强大经济影响力和领导力的经济体主导下，CPTPP 的成员方虽然暂时达成协议，但是可以预期在协调成员间利益冲突分歧等方面依然会困难重重。

RCEP 由东盟在 2012 年 11 月的东盟峰会上发起，计划

---

① 2017 年，TPP11 国还召开了多次会议：5 月的多伦多、河内会议，7 月的箱根会议和 8 月的悉尼会议等。

② CPTPP 预计吸纳对其感兴趣的印度尼西亚、韩国、菲律宾、中国台湾和泰国五个经济体，组成 TPP16。

③ 《新 TPP 将简化美国重新加入手续，为美国回归开辟道路》，凤凰网转引日本经济新闻报道，http://news.ifeng.com/a/20170517/51108129_0.shtml。

2013 年以后成立一个由东盟 10 国和中国、日本、韩国、澳大利亚、新西兰、印度共同参与的广域自由贸易区，以东盟分别与中国、韩国、日本、印度、新西兰及澳大利亚签订的 5 份自由贸易协定（6 个"10＋1"）为基础展开谈判。随着 TPP 的快速发展，东盟为了维护自身在东亚地区经济合作中的轴心地位，在弥合中日两国关于东亚区域合作的路径选择分歧之后，于 2012 年 11 月启动了 RCEP 谈判。东盟首先在 2012 年峰会中确定纳入该 FTA 体系的商品和服务的种类及规则，并向其他 6 国发出邀请，进而计划在 2013 年后建成自由贸易区。由于 RCEP 考虑成员国的不同发展水平，允许"部分例外"这一规则相对宽松，门槛较低，截至 2018 年 1 月，RCEP 已经完成了 20 轮谈判和若干次部长级会谈，且就众多议题达成了共识。RCEP 原计划争取在 2017 年底结束谈判达成协议，但是完成谈判的时点被再次推延，主要原因在于各成员方经济发展水平不同，对贸易、投资自由化的诉求存在差异，此前 TPP 的快速进展分散了部分成员方的精力也是重要原因，另外就是印度对谈判的阻延①。尽管各成员经济体在达成一个"现代、全面、高质量、互惠"的自由贸易协议方面还有很多工作要做，但是经过 2017 年的磋商，

---

① 一直以来印度对 RCEP 谈判持保守态度。基于印度欠发达的外向型经济以及落后的基础设施建设，其制造业和服务业的国际竞争力处于弱势地位，该国可以接受的贸易投资开放程度有限。如果印度对 RCEP 谈判中关于关税减免和非关税壁垒等条款方面作出承诺，国内经济要付出的代价相对较大。此外，中印两国之间关于贸易和领土纠纷的紧张关系也在一定程度上影响着印度推进 RCEP 谈判的立场。

RCEP 在确立贸易谈判、服务和投资模式方面仍然取得重大进展。2017 年 11 月 14 日，首届 RCEP 领导人会议上领导人联合声明明确"各国将加紧努力在 2018 年结束 RCEP 谈判"①。2020 年 11 月东盟 10 国和中国、日本、韩国、澳大利亚、新西兰共 15 个亚太国家正式签署了《区域全面经济伙伴关系协定》，世界上人口最多、经贸规模最大、最具发展潜力的自由贸易区正式启航。

FTAAP 的提议早在 2006 年就被美国发起，但该提议长期不受 APEC 的重视，这也导致 FTAAP 的建设进展缓慢。为了避免亚太区域经济一体化被 RCEP 和 TPP 割裂，2014 年 APEC 北京峰会上正式通过了《北京纲领》，决定启动实现 FTAAP 有关问题的联合研究，开始务实推进亚太自贸区进程。事实上，FTAAP 建设的客观条件已经成熟。2014 年，APEC 区域内部贸易额占其对世界贸易额的比重已高达 70%，持续扩大的区域内贸易与投资比例也反映出亚太区域内各成员间紧密的供应链和价值链关系。同时，美国对 FTAAP 也抱有很高期望，奥巴马政府将 TPP 视为未来建立 FTAAP 的基础和载体，希望以美国的"亚太轨道"方式推进区域经济一体化。这是因为美国希望 FTAAP 的标准能看齐 TPP，尤其是在透明度、投资、竞争策略、国有企业、环境、劳工标准、汇率、产业政策等方面。但是随着美国退出 TPP 及 RCEP 谈判稳步推进，

---

① 《RCEP 首次领导人会议发表联合声明：加紧努力 2018 年结束谈判》，中国新闻网，http://www.chinanews.com/cj/2017/11-15/8377558.shtml，访问时间：2018 年 2 月 4 日。

FTAAP 花落 RCEP 似乎顺理成章。

在双轨竞争的格局下，RCEP 和 TPP 在成员上有重合之处，但覆盖成员有限，这肯定不是亚太多边化区域贸易平台的最终答案。FTAAP 是实现茂物目标的重要途径，显然更适合成为未来亚太多边化区域贸易平台的载体（陈淑梅和全毅，2013）。在美国退出 TPP 后，亚太多边化区域贸易平台的发展路径还须进一步分析，目前可能的轨迹包括：一是从 RCEP 升级到 FTAAP，二是美国回归并带领 CPTPP 与 RCEP 竞争，三是美国另起炉灶组织 FTAAP 的谈判。

第二节　亚太多边化区域贸易平台的发展前景

未来亚太多边化区域贸易平台建设的发展前景与路径选择主要取决于三大因素，即贸易平台发展的方向选择、载体选择与主导经济体选择。

一　亚太多边化区域贸易平台的方向选择

亚太多边化区域贸易平台的发展需要分析在当前经济保守主义肆虐的国际背景下，区域贸易平台建设是否还存在推动力。本节主要从成本与收益的角度，分析并判断亚太多边化区域贸易平台是选择原地踏步还是继续推进。

1. 主要经济体平台内贸易比重 vs 平台内 RTAs 约束贸易比重

2020 年亚太地区区域贸易平台与主要经济体的贸易比重以及平台内已有 RTAs 约束的贸易比重见表 5 - 1。除 CPTPP

外，2016 年主要亚太经济体在其他可能的贸易平台中的贸易额占总贸易额的比重已经很高，说明亚太地区的功能性经济一体化已相当发达，主要经济体的对外贸易大都集中于亚太市场，多边化区域贸易平台的形成符合亚太经济体的利益。但是，这些贸易流量中受到制度性约束的却不多，日本、中国在 CPTPP 和 RCEP 中都不足 25%[①]，美国在 FTAAP 和 CPTPP 中也仅略超过 30%。同时，这部分受 RTAs 约束的贸易流量还饱受亚洲面碗效应困扰，实际利用率很低[②]。因此，从表 5-1 的数据可以得到几个初步的判断。一是原 TPP 主要成员经济体对美国市场依赖度相对较高，没有美国参与的 TPP（CPTPP）与亚太经济体的贸易关联大幅削弱。但是，美国退出后的 TPP 仍为部分成员经济体提供了不同程度的潜在经济收益，例如在 TPP11 情景下，日本的区域内贸易份额由 2016 年的 10.4%跃升至 2017 年的 24%[③]。故日本、澳大利亚、新加坡等成员经济体选择继续推进 CPTPP。尽管如此，如果没有美国回归，其未来的发展前景就是一个"宽面条或比萨块"。二是整体层面的制度性贸易平台是亚太区域经济合作的发展

---

① 中国在 FTAAP 中受约束贸易份额较高是因为与中国香港和中国台湾两个独立关税区之间的贸易协议占据了一定的份额。

② David（2020）计算中国、日本、韩国、新加坡、泰国、菲律宾六国全部 841 家企业对 FTAs 利用率，发现这些企业的平均利用率仅有 28%。

③ 本节提到了原 TPP 部分成员经济体对美国市场依赖度相对较高，故这里不排除部分成员经济体由于美国的退出出现经济收益的损失。例如美国退出 TPP 后，加拿大的区域内贸易份额由 2016 年的 16.2%下降到 2017 年的 9%。参见 Jong Woo Kang, "How can the TPP without the US still make sense?", https://aric.adb.org/blog/how-can-the-tpp-without-the-us-still-make-sense，访问时间：2018 年 1 月 12 日。

表 5-1 2020 年亚太多边化区域贸易平台贸易数据

单位：%

贸易集团	经济体	FTAAP 贸易比重	FTAAP RTAs约束比重	CPTPP+美国 贸易比重	CPTPP+美国 RTAs约束比重	CPTPP 贸易比重	CPTPP RTAs约束比重	RCEP 贸易比重	RCEP RTAs约束比重
RCEP	中国	62.17	31.45	35.40	11.48	21.29	11.48	31.71	24.29
	韩国	71.46	54.99	35.46	27.50	23.25	15.28	49.13	41.16
	印度尼西亚	73.66	59.97	40.04	30.90	31.66	30.90	64.51	64.51
	泰国	69.54	57.91	39.34	29.67	30.22	29.67	58.68	58.68
	菲律宾	84.04	59.94	41.17	29.01	29.68	29.01	60.73	60.73
	马来西亚	76.76	59.02	37.30	27.76	28.14	27.76	61.98	61.98
CPTPP	越南	74.59	54.59	30.03	16.56	17.44	16.56	55.98	55.98
	澳大利亚	75.16	69.27	30.54	29.12	22.50	21.08	63.05	60.10
	新西兰	73.24	52.93	40.98	21.01	29.77	21.01	57.72	49.85
	日本	74.60	20.30	30.31	12.60	14.35	12.60	47.26	19.60
CPTPP+美国	加拿大	83.98	69.86	72.51	68.43	8.50	4.43	15.41	1.43
	墨西哥	86.38	75.05	71.91	71.67	8.44	8.20	19.23	9.12

163

续表

贸易集团		FTAAP		CPTPP + 美国		CPTPP		RCEP	
	经济体	贸易比重	RTAs 约束比重	贸易比重	RTAs 约束比重	贸易比重	RTAs 约束比重	贸易比重	RTAs 约束比重
	智利	63.95	62.28	29.78	29.78	14.04	14.04	42.07	42.04
	秘鲁	62.77	60.51	32.74	32.12	14.27	13.64	35.87	35.22
	新加坡	75.26	66.58	31.01	30.17	22.30	21.47	54.92	54.92
	美国	67.57	34.24	40.54	31.16	40.54	31.16	33.96	4.15

资料来源：作者依据 UN Comtrade 的国别数据计算得出。

方向，将极大地稳定亚太经济体之间的贸易关系，福利效应也将远远大于当前新区域主义模式下的双边 RTAs。

2. 保守主义 vs 开放地区主义

影响当前亚太地区多边化区域贸易平台建设的另一重要因素是保守主义重新抬头。美国退出 TPP 正是国内经济形势低迷的情况下贸易保护主义占据上风的标志。毋庸置疑，保守主义的抬头对 TPP 的发展造成了负面影响，短期内打压了亚太多边化区域主义的发展势头。就美国而言，由于两党存在利益分歧，不同政府对贸易政策和亚太市场的重视程度差异很大。一般观点认为，共和党更容易在贸易政策上采取保守做法，而民主党则更愿意通过开放措施获得贸易与经济收益。亚太地区是美国主要的贸易方向，民主党政府对亚太市场的重视程度也高于共和党政府。

具体而言，20 世纪 70 年代初到 90 年代初美国主要是共和党执政[1]，这期间美国处于霸权地位，对区域经济合作缺乏重视，各届政府对待区域合作均持相对保守态度；20 世纪 90 年代以来，美国发现通过新区域主义的区域合作不仅能够扩大收益范围，还能更好地控制其他国家以维持其霸权，逐渐开始参与并领导区域经济合作。特别是 1993 年民主党总统克林顿上任后立刻大刀阔斧推进区域经济合作，不仅生效了《北美自由贸易协定》，同时抛出了"新亚洲太平洋共同

---

① 1969 ~ 1992 年美国经历了 5 届政府，其间民主党仅仅在 1977 ~ 1980 年当政，其余 4 届均由共和党总统执政。

体"构想，以谋求强化美国对亚太市场的影响力。2001 年
小布什总统执政，重新奉行单边主义，不再积极推动区域经
济一体化，对东亚和亚太地区也有所忽视，对东亚峰会态度
冷淡，甚至曾取消与东盟领袖的峰会。奥巴马总统上台后强
化了克林顿时代的做法，在经济、军事、安全等方向全面重
返亚洲，在区域贸易政策方面更是不遗余力地推进 TPP 谈
判。但是，2017 年特朗普总统上台后的一系列做法让奥巴马
政府的相关政策戛然而止，历史似乎又进入新一轮的轮回。

总结近半个世纪以来美国各届政府的亚太政策和区域合
作政策，不难发现美国其实一直在相对保守主义与区域主义
间轮回。如果不考虑党派色彩，总体而言美国两党在国内经
济形势缺乏景气时更倾向将保守政策作为权宜之计，而当经
济恢复活力时区域主义就会重新占据上风①。因此，特朗普政
府在亚太地区的收缩和推动贸易保护主义可以理解为应对国
内经济形势的一种短期手段，长远看美国不会缺席而会重新
主导亚太多边化区域贸易平台的建设。

综上，多边化区域贸易平台是否继续推进取决于参与经
济体的收益与主导经济体的国家战略考量等。一方面，从亚
太地区可能的区域贸易平台与主要经济体的贸易比重来看，
亚太地区为主要经济体提供了大部分的对外贸易市场。推进

---

① 从总结的党派看，属于共和党的老布什总统也最终促成了 NAFTA 的签署，并推
动了 APEC 的成立，为推动美国参与区域经济合作出力甚多；而在此期间民主党
卡特总统在美国参与区域经济合作方面并无建树，这也说明保守政策/开放政策
并不应该被贴上党派标签。

亚太多边化区域贸易平台建设符合亚太地区主要经济体的经济诉求。另一方面，受制于贸易保护主义抬头，多边化区域主义的发展面临严峻考验。美国退出 TPP，奥巴马政府时期推行的"亚太战略"面临"烂尾"危机。尽管如此，美国亚太政策和区域合作政策的实施优先服务于国内经济，随国内经济形势的变化而变化。因此美国不会长期缺席亚太多边化区域贸易平台的建设。此外，当前无论是 G20 汉堡峰会还是越南岘港 APEC 峰会，成员经济体均表示将进一步推进开放、包容的多边贸易合作。这均说明，当前保守主义盛行的国际背景下，即使缺少美国的参与，亚太多边化区域贸易平台仍将沿着正确轨道继续发展。

二　亚太多边化区域贸易平台的载体选择

TPP 与 RCEP 曾经是亚太多边化区域主义在实现路径与制度安排上的双重选择，但是美国的突然退出打破了这种格局。未来的亚太多边化区域贸易平台是以 RCEP 为载体，还是美国回归 CPTPP 重新与 RCEP 展开竞争，抑或直接启动 FTAAP 的谈判，最终取决于载体 RTAs 的协议文本内容以及经济体参与平台的成本与收益。

首先，经济体的收益是决定未来多边化区域贸易平台载体选择的第一个重要因素。从表 5 - 1 的数据分析，第一，亚太主要经济体与 FTAAP 的贸易份额最高，这也说明了 FTAAP 是亚太多边化区域贸易平台的终极目标。第二，除中国和 NAFTA 三国外的其他亚太经济体与 RCEP 的贸易份额要远高于 CPTPP + 美国①，这说明亚太经济体与 RCEP 的贸易联系更为紧密，即使美国回归 TPP 也难以改变这种现实。第三，亚洲经济体与 CPTPP 的贸易份额远低于 RCEP，其中，加拿大和墨西哥对 CPTPP 的份额更是不足 10%，因此 CPTPP 难以成为亚太区域贸易平台的载体。第四，从经济体与已有 RTAs 规范的贸易份额看，FTAAP 中受已有 RTAs 规范的贸易份额要高于 RECP，也要高于 CPTPP + 美国；进一步分析发现，亚洲经济体受区域内已有 RTAs 规范的贸易份额在 FTAAP 与 RCEP 之间相差不大，但 NAFTA 三国在两者间差异甚大，这三国明显更偏向于 FTAAP。

其次，协议内容与性质是决定载体选择的第二个因素。RCEP 倡导在东盟与其他经济体已有双边 RTAs 的基础上以整合、强化和渐进方式推进区域经济合作，谈判集中于传统贸易方式与贸易规则，谈判内容集中于第一代贸易条款；原美国主导的 TPP 则致力于一次性、高质量的"重建"贸易规则，强调高标准入门条件与快速实现趋同性，谈判内容聚焦于价值链贸易方式与新规则的第二代贸易条款②。具体而言，CPTPP 虽然较 TPP 的原始文本删除了约 5% 的文本，但谈判内

---

① 美国退出 TPP 前，中美贸易在中国对外贸易中的比重很高是导致中国与 TPP 的贸易额高于 RCEP 的主要原因。

② Horn 等（2010）将特惠贸易协定条款分为"WTO +"与"WTO-X"两类，即第一代和第二代贸易规则，第一代贸易规则是指现已存在于 WTO 框架之下的，包括工业品、农业品、海关程序等 14 个具体领域；第二代贸易规则是指全新的、尚未包含在现行 WTO 框架与规则之下的"下一代"贸易政策，其核心主要包括竞争政策、投资、环境保护、劳工标准以及 TRIPS 协议之外的知识产权问题。

容依然包含很多第二代贸易规则，自由化程度很高，涵盖了区域内部的大量敏感行业或部门。RCEP 是东盟与其他几大经济体的 5 个双边 FTAs 内容的整合与升级，协议内容主要为第一代贸易规则，相对于 CPTPP 自由化水平较低，谈判中尽力避免敏感性的行业或产业并顾及成员方的差异。从两代贸易规则在当前亚太地区 RTAs 中的普及程度看，绝大多数 RTAs 协议对 "WTO＋" 条款的覆盖程度与法律承诺度较高，对于 "WTO-X" 内容的覆盖程度和法律承诺度就相对低很多，即使是美国和日本等发达经济体所签署的协议，对 "WTO-X" 内容的覆盖程度也仅为 37%[①]。此外，本节选取第二代贸易规则中的七项核心 "WTO-X" 条款，进一步分析亚太主要区域贸易平台在 "WTO-X" 具体条款上的覆盖率差异[②]，见表 5－2。RCEP 和 CPTPP 在竞争政策、投资、国内法规、环境保护、TRIPS 协议之外的知识产权等第二代贸易议题上覆盖率较高，在 60% 以上，这说明上述 "WTO-X" 条款得到亚太地区大部分经济体的认可。相比之下，电子商务、劳工标准等条款的覆盖率偏低，不到 40%。其中，RCEP 成员方之间签订的双边及多边 FTAs 涉及劳工标准条款的比例不到 20%，明显低于 CPTPP 内部劳工标准覆盖率。这说明亚太地区大部分经济体对劳工标准、电子商务等敏感性条款接受度偏低。因此，从

---

① 盛斌和果婷（2014）以 Horn 等（2010）的研究为基础，详细测算并比较了亚太地区主要 RTAs 协议对两代贸易规则的覆盖率与法律承诺度，并分析了主要经济体在参与区域经济一体化时对两代贸易规则的态度。

② 亚太地区主要区域贸易平台的具体条款覆盖率基于成员经济体间已经签署并且实施的双边及多边 FTAs 计算得到。

短期看亚太经济体相对而言更容易接受以第一代贸易规则为主的 RCEP。

表 5 – 2　2020 年不同亚太区域贸易平台及不同类型
"WTO-X" 条款覆盖率

单位：%

区域贸易平台	不同类型 "WTO-X" 条款覆盖率						
	竞争政策	投资	国内法规	环境保护	TRIPS 协议之外的知识产权	电子商务	劳工标准
RCEP	75.76	96.97	87.88	63.64	69.70	39.39	18.18
CPTPP	61.76	70.59	64.71	67.65	76.47	32.35	35.29
CPTPP + 美国	66.67	74.36	69.23	71.79	79.49	35.90	41.03
FTAAP	75.38	89.23	86.15	78.46	78.46	30.77	38.46

资料来源：作者根据 WTO 区域贸易协定数据库数据计算。

最后，经济体参与区域贸易平台的成本是决定载体选择的第三个重要因素。经济体参与多边化区域贸易平台的成本主要来自摩擦成本，即由经济体的贸易结构与平台贸易结构的不匹配所产生的成本。如果经济体的出口/进口结构与平台的进口/出口结构匹配度高，就能减小参与平台贸易结构的扭曲程度；同时，如果经济体的出口/进口结构与贸易平台的出口/进口结构差异越大，那么进入贸易平台后受到的竞争就越小，贸易平台的吸引力也相应会更大。本节选择 Michaely 指数衡量亚太经济体与多边化区域贸易平台的匹配程度。Michaely（1996）提出由四个相互联系的指标构成的指数，用于度量两个经济体间的生产贸易结构的匹配状态[①]。本节选择贸易匹配指标 TD 和出口模式相似程度指标 EC，前者衡量经济体的出口结构与贸易平台进口结构的匹配程度，后者是在缺乏生产数据的前提下，校验用贸易平台的出口来替代经济体自身生产的可能性，具体结果见表 5-3。

如果参与多边化区域贸易平台，经济体的生产贸易结构出现与该贸易平台的生产贸易结构匹配程度提高的趋势，发生贸易效应和生产效应，则其参与贸易平台的摩擦成本将降低，经济体就越倾向于参与该贸易平台的建设进程。TD 指数与 EC 指数的匹配程度越高，进出口的调整成本越小。从主要亚太经济体与 FTAAP、RCEP、CPTPP 三个贸易平台的 TD 指数匹配程度比较可知，至少 9 个经济体的出口结构与 FTAAP 的进口结构匹配程度相对偏高，但只有 6 个经济体与 RCEP 匹配程度相对偏高。这说明主要亚太经济体参与 FTAAP 的贸易效应潜力优于 RCEP。而且美国、中国、日本、韩国等主要经济体的出口结构与 FTAAP 的进口结构匹配程度是这些国家所在 RTAs 中最高的。从经济体用进口替代生产角度看，有 9 个

---

① Michaely 指数的四个指标由进出口方的进出口结构和生产结构计算，其中 j 为进口方，k 为出口方，i 表示按 SITC 或 ISIC 分类的产业，m、x 与 q 分别代表进口、出口与生产。这样，m_{ij}、x_{ik}、q_{ij} 与 x_{ij} 分别表示 i 类商品在 j 的总进口、在 k 的总出口、在 j 的总产出及在 j 的总出口，Michaely 指数的四个指标为：$TD_{jk} = 1 - (\sum_i |m_{ij} - x_{ik}|)/2, TC_{jk} = 1 - (\sum_i |q_{ij} - x_{ik}|)/2, EC_{jk} = 1 - (\sum_i |x_{ij} - x_{ik}|)/2, SD_{jk} = 1 - (\sum_i |x_{ij} - m_{ik}|)/2$。Michaely 指数通过计算经济体与其伙伴方之间的贸易结构和生产结构的匹配程度，反映建立 RTAs 后的贸易潜力，这组指数都介于 0 与 1 之间，越接近 1 则说明相应的匹配程度越高。

表 5 – 3　亚太主要经济体与主要贸易平台的 Michaely 指数

经济体	FTAAP		CPTPP + 美国		CPTPP		RCEP	
	TD	EC	TD	EC	TD	EC	TD	EC
中国	0.77	0.81	0.79	0.71	0.75	0.74	0.69	0.87
韩国	0.80	0.80	0.80	0.76	0.79	0.78	0.76	0.82
印度尼西亚	0.65	0.64	0.65	0.62	0.67	0.64	0.69	0.64
泰国	0.88	0.88	0.87	0.86	0.88	0.88	0.83	0.88
菲律宾	0.76	0.77	0.74	0.74	0.74	0.78	0.70	0.77
马来西亚	0.89	0.86	0.87	0.83	0.89	0.87	0.86	0.85
越南	0.74	0.76	0.77	0.72	0.75	0.72	0.71	0.79
澳大利亚	0.42	0.39	0.39	0.47	0.42	0.46	0.48	0.33
新西兰	0.39	0.38	0.37	0.42	0.38	0.43	0.42	0.35
日本	0.79	0.81	0.78	0.79	0.77	0.79	0.74	0.78
加拿大	0.79	0.78	0.77	0.84	0.81	0.82	0.87	0.71
墨西哥	0.79	0.80	0.79	0.77	0.79	0.80	0.73	0.80
智利	0.33	0.33	0.32	0.35	0.34	0.35	0.36	0.33
秘鲁	0.39	0.40	0.37	0.45	0.38	0.43	0.42	0.34

续表

经济体	FTAAP		CPTPP + 美国		CPTPP		RCEP	
	TD	EC	TD	EC	TD	EC	TD	EC
新加坡	0.83	0.81	0.82	0.81	0.82	0.83	0.80	0.77
美国	0.85	0.84	0.84	0.91	0.85	0.86	0.84	0.78

资料来源：作者根据 UN Comtrade 的国别贸易数据计算。

经济体和6个经济体的进口结构分别与 CPTPP 和 RCEP 的出口结构相似度相对偏高，并且主要经济体与当前所在 RTAs 的匹配性优于 FTAAP。因此，主要经济体对贸易平台的选择取决于进口与出口在贸易总量中的比重，美国等贸易逆差大的经济体倾向于选择 FTAAP，中国等顺差大的经济体会倾向于选择 RCEP。

根据以上分析，本节可以得出以下结论。首先，亚太主要经济体对 FTAAP、RCEP、CPTPP 等贸易平台的选择在很大程度上取决于经贸收益的考量。亚太主要经济体与 FTAAP 的贸易份额最高，FTAAP 中受已有 RTAs 规范的经济体的贸易份额也相对偏高。从经济体收益来看，FTAAP 对亚太主要经济体更具有吸引力。其次，贸易平台协议内容与性质的差异是决定亚太主要经济体对亚太多边化区域主义发展载体选择的重要因素。美日等发达经济体在拥有 RTAs 主导权的前提下，试图将符合本国利益的第二代贸易条款纳入原 TPP 协议，引导国际治理新规则的制定。而发展中经济体参与区域贸易平台协议制定主要考虑自身经济体量、国内政策、产业结构等，更多地关注涉及贸易自由化与放松管制等内容的第一代贸易规则内容。亚太地区以发展中国家居多，如果选择相对高标准、高质量要求的 CPTPP 甚至 FTAAP 直接作为载体平台，将无法较为顺利地协调各经济体的利益诉求和承诺差异，建设进度也会相对缓慢。因此，短期内 RCEP 能够更容易地得到亚太主要经济体的认可。最后，经济体参与贸易平台的摩擦成本与经济体和贸易平台在生产结构和贸易结构上的匹配程度成反比。FTAAP、RCEP 与亚太主要经济体的贸易结构匹配程度较高，而 RCEP、CPTPP 与亚太主要经济体的生产结构匹配程度较高。在贸易结构和生产结构匹配程度综合衡量下，RCEP 是现阶段亚太多边化区域主义发展的载体平台的最优选择。因此，对比亚太多边化区域贸易平台的载体影响因素分析，不难发现 RCEP 是亚太多边化区域主义发展的阶段性目标，FTAAP 是未来亚太多边化区域贸易平台的核心，实现 RCEP 协定标准与谈判进程不断提高与深化，稳步向 FTAAP 过渡是亚太多边化区域主义发展的关键，如此才能有序地推动亚太区域经济一体化进程。

三 主导经济体的选择

主导经济体是决定未来亚太多边化区域贸易平台发展方向的第三个重要因素。未来多边化区域贸易平台建设的主导经济体的选择主要取决于三个方面：一是经济体自身的经济体量，二是经济体对区域内其他经济体的整合能力，三是自身意愿与解决内部利益集团冲突的能力。美国退出 TPP 之前，亚太多边化区域主义的蓬勃发展由美国一手推动。目前，美国政府实施贸易保护政策、采取双边合作方式是应对国内经济发展动力不足的暂时性手段，美国不会长期缺席亚太多边化区域贸易平台的建设。再者，RCEP 与 CPTPP（原美国主导的 TPP 的调整）在亚太多边化区域主义发展过程中形成了相互重叠、竞争与博弈的格局。这均表明，RCEP 和 CPTPP 的核心力量中国与日本以及原 TPP 主导力量美国均具有成为推动亚太多边化区域主义发展的主导经济体的潜在可能性。此外，2017 年 11 月在越南岘港举行的 APEC 峰会也体现了美中日三方竞争亚太多边化区域贸易平台建设主导权的态势。

但是，就一贯受制于美国战略影响的日本而言，其无法在亚太地区形成经济、安全、政治等任意一方面的地区权力基础，无法得到亚太主要经济体对其主导地位的认可。值得注意的是，虽然日本主导 TPP 转型为 CPTPP，但其在协调成员经济体间谈判过程中仍旧保留了美国提议的环境保护、国企、劳工标准等议题的高标准，这表明日本并不是想要取代美国在亚太地区区域合作中的主导地位，而是等待美国的回归。此外，日本经济长期低迷，偏小的市场容量在一定程度上决定了其无法独自承担起未来亚太多边化区域贸易平台建设的重任。因此，日本在亚太多边化区域贸易平台建设中仅仅是一个次要行动者而非驱动者（吴心伯，2017）。

随着中美两国综合实力差距的不断缩小，双方对亚太多边化区域贸易平台建设主导权的竞争日益凸显。接下来本书将从经济体量、区域谈判整合能力以及协调国内利益攸关方能力方面分析中美双方成为未来亚太多边化区域贸易平台建设领导力量的可能性。

第一，从经济实力方面看，当前的主导力量是美国而未来的主导力量是中国。提供必要的公共产品是成为区域经济合作核心国家的重要标准（贺平，2019），而当前亚太地区经济发展中最稀缺的区域性公共产品是最终市场需求（沈铭

辉，2010）。核心经济体的经济规模和市场容量是吸引中小
经济体参与 RTAs 的重要因素，大体量经济和市场成为核心
经济体向 RTAs 提供区域性公共产品的主要内容。为分析中
美两国对 TPP（CPTPP + 美国）、RCEP 和 FTAAP 三大多边
化区域贸易平台的推动力，本部分选取两国在 2005～2015
年的国内生产总值（GDP）作为最终市场需求的衡量标准，
直观显示两国对所在三大 RTAs 的拉动作用（见图 5－2）。
图 5－2 数据显示，由于中国经济总量的持续快速增长，中
国经济规模相对 RCEP 及 FTAAP 经济总量的比值上升趋势明
显，到 2015 年已经分别上升到 54% 和 27% 的水平，表明中
国对 RCEP 及 FTAAP 发展显示出强劲的推动力。如果中国在
未来 10 余年能够保持目前这种趋势，中国有望超越美国成
为推动亚太区域贸易平台建设的第一动力。同时，美国对
TPP 和 FTAAP 而言均具有相当重要的地位，只要美国自身不
主动缺席未来亚太多边化区域贸易平台建设，无论是重返
TPP 还是重新组织 FTAAP 谈判，现在或是未来它都是决定性
的力量。

第二，从区域整合力量角度看，中国对区域经济体的整
合力量逐渐提升，美国依然是区域内的主要力量。随着
AIIB、金砖国家新开发银行和丝路基金的推进，中国加大了
在区域内部的公共产品供给，也提升了中国的地区影响力。
但是，中国在亚太地区除了提供市场和参与金融货币合作等
外，难以提供更高层次的公共产品。加之中国与周边经济体
还存在历史问题纠葛和领土争议，中国整合亚太地区经济体

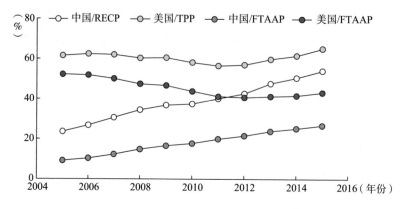

图 5 - 2   中美两国与主要 RTAs 经济规模比值

资料来源：https://unstats. un. org/unsd/snaama/selbasicFast. asp，作者计算得出。

建立区域性贸易平台的能力并不够强大，这也是中国推动东盟主导 RCEP 谈判的重要原因。相比之下，美国作为亚太地区最具影响力的国家，除了市场空间与经济援助，美国向大多数亚太经济体提供了政治、军事、安全等全方位的公共产品，亚太地区的很多经济体对美国存有依赖。从美国主导高标准的 TPP 谈判并很快达成协议，就不难发现美国在整合亚太区域经济体利益，建设多边化区域贸易平台上仍然具有强大的能力。

第三，从协调国内不同集团利益角度看，由于贸易开放的收入分配效应对经济体内不同集团的利益影响各异，因此利益集团对参与区域性贸易平台建设的态度并不一致。这就意味着，合理协调国内利益集团也是主导区域性贸易平台建设的关键能力。就美国国内的利益集团而言，除了两党之间的利益分歧导致的两院决策过程的拖沓，政府部门和行业之间的利益差异也非常大，如贸易代表办公室（USTR）对推进RTAs持积极态度；代表制造业利益的商务部和代表农场主利益的农业部对敏感行业和产品的开放程度更加关切；负责外交安全事务的国务院则更多考虑多边化贸易平台带来的外交安全等非经济收益。此外，当前美国政府贸易政策方面总体采用的是保守主义做法，倾向于与中国、日本、德国等贸易大国单方面解决贸易问题，因此，推进区域贸易平台建设在短期内将不是美国政府优先考虑的问题。相比之下，中国虽然在政府决策过程方面比美国有效率，但在RTAs谈判协议中，有关国企保护、知识产权保护、环境问题、农产品等敏感行业问题等议题都面临重重阻力。因此，中美两国在协调国内利益集团方面都有巨大的提升空间。比较而言，美国在推进贸易平台建设时谈判速度快，但是批准程序慢，甚至谈判的结果会遭到国会否决，中国正好与美国相反。

通过以上分析可知，就美国而言，当前该国在亚太地区的力量和影响力优势呈相对下降趋势，但是，强大的经济实力、全方位的区域性公共产品供给等都决定了该国仍旧是亚太多边化区域主义发展不可忽视的核心力量。为了不触犯敏感行业、产品贸易保护主义集团、对区域性贸易平台建设持怀疑态度的国会，以及稳定国内经济，美国实施贸易保护政策仍将持续一段时间。尽管如此，美国政府仍旧高度关注亚太地区的发展态势①，试图制衡中国的地区影响力。当美国经济开始转热，推动亚太多边化区域合作仍将是其战略重点，短期内美国仍会是亚太地区的事务管理者和秩序塑造者；对于中国而言，随着自身经济实力日益上升，国家政府意识到通过双边经济合作加强地区影响力的局限性，就周边外交战略进行调整，逐步涉及政治、安全等合作领域。不断推进AIIB、"一带一路"倡议和金砖国家合作机制，重点通过基础设施融资连接区域，扩大自身的地区辐射力和影响力，通过增强地缘依托实现"合作共赢、共谋发展"的"中国方案"走向世界舞台。但是中国在贸易自由化和市场化等方面存在不足，无法提供全方位的区域性公共产品。现阶段，中国虽然与美国实力对比略显劣势，但在亚太多边化区域贸易平台推进中仍是举足轻重的力量，并且作用不断上升。对比亚太多边化区域贸易平台的预期建设标准与主导力量，不难发现中美两国在预期建设标准与力量对比上存在错位。美国作为亚太地区内的现实力量，力推自由化程度更高的面向未来的下一代贸易规则，并以此为标准建设亚太多边化区域贸易平台；中国作为区域内部实力上升趋势明显的未来力量，主导

---

① 奥巴马政府时期的亚太再平衡战略是其全球战略的灵魂所在，全面涵盖经济、政治、外交、安全、环境等领域；而特朗普政府的亚太战略在美国全球战略中的地位明显下降，当前美国在亚太地区的权力基础主要是安全，而经济合作影响不断弱化。尽管如此，特朗普政府在亚太地区的活动仍旧频繁。2017年，美国与中、日、韩、印、澳、泰等十个国家举行过双边会谈，特朗普多次与中日等国家领导人进行会晤，并且在访问中多次提到"印太战略"，尽管这个概念没有具体的战略内容。2022年2月，拜登政府发布《美国印太战略》报告，阐述其对印太地区形势的看法，并就美国如何推进"印太战略"提出构想和举措。

的贸易规则制定与贸易平台建设则以实现现实目标为基础。出现这种错位的原因是美国希望通过继续把持未来贸易规则的制定实现利益获取与区域主导权占据，而中国则是基于自身的现实实力而稳步发展。

第六章

多边化区域主义背景下中国推进
自由贸易区战略的政策建议

贸易自由化是中国改革开放的原动力，FTA 战略是中国贸易自由化进程的重要组成部分。当前，全球范围内的贸易保护主义和单边主义不断抬头。在此背景下，中国坚持改革开放走多边主义道路，推动 FTA 战略纵深发展，本身面临不小的挑战。中国 FTA 战略已推进实施十余年，其对中国的经济效应需要系统客观地评估与总结，以便于未来更好地推进中国 FTA 战略。

第一节　中国自由贸易区战略经济效应研究结论

本书从多边化理论视角出发，建立规范的理论与实证分析框架，利用中国 1995～2019 年 HS－6 分位贸易数据，从出口产品质量和贸易福利两个方向评估中国 FTA 战略对中国的经济效应与机制，并以此为基础对中国推进亚太多边化区域贸易平台建设进行分析，研究结果总结如下。

1. 中国自由贸易区战略提升了中国出口产品质量，有助于中国产品在产业链与价值链的升级。

（1）自 1995 年以来中国出口产品质量显著提升，甚至已经接近部分发达经济体的水平。但中国出口产品质量较高的产品集中于低技术加工产品，资本与技术深化的迹象并不明显。

（2）中国参与区域贸易自由化进程有助于中国出口产品质量提升。随着中国与大批经济体签署 FTAs，中国对 FTAs 伙伴方的出口产品质量有了显著提升。同时，FTAs 的实施对中国出口产品质量的提升具有明显的政策时滞效应，在 FTAs 实施后的第 5 期开始政策效果逐期显现并不断增强，随着 FTAs 相关条款的逐渐落实，其对中国出口产品质量的提升作用愈加显著。

（3）贸易伙伴方的制度水平与双边投资协议是 FTAs 影响中国出口产品质量的重要途径。制度质量越高的贸易伙伴方，对 FTAs 履行得越规范和稳定，中国对这些伙伴方的出口产品质量有明显提升，但是与制度水平较低的经济体签署的 FTAs 对中国出口产品质量的提升效果不显著。同时，投资协议有助于中国企业在当地市场的深化，也是推动 FTAs 提升中国出口产品质量的重要渠道。

2. 中国贸易自由化提升了中国的贸易福利水平，自由贸易区战略的作用非常明显。

（1）贸易自由化大幅提升了中国的福利水平。贸易政策的福利效应测算有赖于对贸易流量弹性的准确估计，本书综合运用当前相关实证研究方法的最新成果以解决各类内生性偏误，并通过分组回归获得中国贸易伙伴的异质性可变贸易成本弹性中位数为 0.81，以此为基础估算得到中国贸易自由化使福利水平提升了约28%，经过之前相关研究结果的校验，这一结果较为客观准确。

（2）中国 FTA 战略对提升福利水平有一定作用。本书通过多期 DID 方法估计中国 FTA 战略对福利水平的影响，结果显示中国 FTA 战略对福利水平的影响约为5%，构造 Bartik 工具变量和异方差工具变量缓解内生性问题并对 DID 估计结果进行校验，得到了较一致的估计结果。

（3）贸易边际是 FTA 作用于福利水平的重要渠道，协议深度会影响这种作用。伙伴国对中国贸易扩展边际的增长相对于集约边际而言能更明显地提升中国贸易福利水平，政策性固定出口成本会强化扩展边际的作用，而关税等政策性可变出口成本的作用并不明显。

3. 《区域全面经济伙伴关系协定》（RCEP）是当前亚太地区重要的多边化区域贸易平台，中国应该抓住机会推进RCEP 的发展。

（1）FTAAP 是实现亚太多边化区域贸易平台功能的理想载体，美国退出 TPP 导致路线之争悄然落幕，也使得 RCEP 成为实现亚太自由贸易的唯一可能路径。虽然 CPTPP 对贸易自由化和规制融合的深度和广度都远大于 RCEP，但是相对于

CPTPP 显然 FTAAP 更加符合美国的利益。因此，未来美国对建设亚太多边化区域贸易平台热情重燃，直接发动 FTAAP 谈判的可能性比回归 TPP 更大。

（2）美国不可能将亚太多边化区域贸易平台建设的主导权拱手让给中国，除了已经提出印太战略对冲中国在亚太区域经济中的影响，还会通过各种间接手段牵制中国在推进 RCEP 谈判与 FTAAP 建设方面的努力。

（3）为了进一步推动亚太多边化区域贸易平台的建设，中国应积极推动 RCEP 谈判和 FTAAP 谈判的准备工作；同时要加强改革，协调不同集团利益，提高贸易与投资规则的自由化水平，并逐步接纳基于全球价值链的第二代高标准贸易投资协议规则，提高对外开放与合作的水平。

第二节　中国推动自由贸易区战略政策建议

亚太地区作为全球经济活动最活跃的区域及大国力量博弈的中心，孕育了大多数的 FTA。作为亚太地区的重要国家，加速推动 FTA 战略实施对于中国综合实力的提升可谓大有裨益。

贸易自由化能提升贸易方的福利水平，这是被理论与实际经济反复证实的真理。但当前全球范围内贸易保护主义横行和疫情肆虐，多边主义框架下的贸易自由化进程举步维艰，这严重损害了中国的福利水平。为了维护中国的国家利益，根据本书的主要研究结论，本书提出如下政策建议。

第一，不断提升 FTA 的质量和层次。目前中国的 FTA 建设还处于较低的水平，这便需要在未来的建设过程中逐渐提升参与 FTA 的准入门槛，并就更高层次的协议议题，譬如劳工标准、竞争政策等，进行协商，不断丰富和深化中国 FTA 协议内容。首先，中国可以同自贸伙伴就已签署的 FTA 进行升级联合研究。一方面，积极申请加入《全面与进步跨太平洋伙伴关系协定》与《数字经济伙伴关系协定》；另一方面，在新一轮升级协议谈判中，争取引入新一代贸易议题，并就"WTO-X"条款尽最大可能达成共识，逐渐升级已经签署的 FTA，不断提升我国参与的 FTA 的标准和层次。其次，应参照国际通行规则及其发展趋势，结合中国发展水平和治理能力，加快推进知识产权保护、环境保护、电子商务、竞争政策等新议题谈判。最后，就处于联合研究或者正在谈判的自由贸易区建设而言，中国应兼顾不同自贸协定谈判方的利益诉求，至少保证以现有各个 FTA 各项协议中的最高开放水平为基础谈判新的 FTA 具体协议内容，并尽量引入"WTO-X"第二代贸易投资规则，不断提高中国 FTA 协定的贸易自由化水平。

第二，进一步加强自由贸易区战略与"一带一路"倡议的深度融合。开放是自由贸易区战略与"一带一路"倡议的共同主题。截至 2021 年底，中国同共建"一带一路"国家货物贸易进出口总额近 1.5 万亿美元，接近中国出口外贸总额的 1/3。此外，中国已与 11 个以上的共建"一带一路"国家签订 FTA 协议。这说明中国同共建"一带一路"国家贸易潜力进一步释放，贸易往来持续深化。中国应该立足"一带一路"

倡议，秉承共商、共建、共享的区域合作理念，妥善处理中国同不同经济体间的摩擦与冲突，增进战略互信，加强同各方的战略对话和沟通，凝聚多方力量，依托丝路精神，共同开展关于贸易、投资、技术合作以及基础设施建设等多方面的互动合作，促进贸易伙伴要素禀赋优势互补，逐步实现同共建"一带一路"国家经济发展和产业转型战略对接，在良性互动、开放包容、互利共赢的共建"一带一路"氛围中，加速推动更多高质量FTA的建设形成。进一步降低贸易过程中的贸易成本，降低商品贸易门槛，进而促进中国同共建"一带一路"国家或地区的双边贸易。

第三，中国应进一步推动FTA朋友圈的扩容。在FTA谈判伙伴的选择上，中国应坚持伙伴多元化原则。首先，基于RECP和FTAAP两个亚太区域内一体化备选平台，加强同有贸易投资合作意向的不同经济体量的国家或地区开展合作对话，推动双边或多边经济发展战略对接，就自贸区建设可能性进行联合研究。其次，加强同有合作意向的国家和地区开展文化沟通和交流。文化差异是FTA战略纵深发展的一个制约因素，会无形中增加自由贸易协定签署和生效的信息沟通成本，进而增加双边贸易成本，阻碍双边贸易与投资。因此，在中国FTA战略进入加速、纵深发展阶段，推行文化领域广泛务实交流，有助于增进互信。最后，正确处理同伙伴经济体在政治战略以及社会意识形态等各方面的摩擦和冲突，基于"上海精神"和"一带一路"倡议，加强国家间政治互信，以便提高后续战略对接的紧密度。

第四，中国需要稳步推进 RCEP 向 FTAAP 的过渡准备。中国应把握当前美国暂时退出亚太多边化区域贸易平台建设的战略机遇期，稳步推进 RCEP 向 FTAAP 过渡的谈判准备。RCEP 与 FTAAP 是未来亚太多边化区域贸易平台最可能的载体，中国需要把握这两个载体的发展轨迹，具体需要做好如下几项工作。一是要利用好当前中国参与的各种区域治理机制，有序推动 RCEP 各项协议的落地生效；二是要主导 RCEP 规则的制定，努力提升 RCEP 的自由化水平，至少保证以现有各个 RTAs 各项协议中的最高开放水平为基础谈判 RCEP 的具体协议内容，并尽量引入 "WTO‐X" 第二代贸易投资规则，减少未来向高水平的 FTAAP 升级的谈判成本；三是要建成 RCEP 的扩容机制，可以借鉴 TPP 的 "4＋X" 谈判模式，建立起 RCEP 的未来扩容机制，逐步将那些有意于加入 RCEP 的亚太经济体纳入 RCEP 体系。

第五，中国应该通过改革更好地促进亚太多边化区域贸易平台建设。参与亚太多边化区域贸易平台建设是中国提供区域公共产品与参加全球治理的重要契机，事关对外开放的国策与和平崛起的战略目标。因此，中国应该通过深化改革建立起相应的制度安排，主要包括：一是推进国企治理、环保规则、TRIPs 之外的知识产权保护、商业环境、市场竞争等方面的改革，建立起与新一代贸易投资规则兼容的经济发展法规体系；二是建立因参与多边化区域贸易平台而利益受损的产业和个体的补偿机制，减少参与多边化区域贸易平台的摩擦成本；三是包容理解新一代贸易投资规则的实质与内涵，通过参与高水平的多边化区域贸易平台建设倒逼国内体制改革，形成深化国内制度建设和推进多边化区域贸易平台发展两者之间的相互促进与良性互动。通过国内改革完善规则制度建设，并逐步提升多边化区域贸易平台的建设标准，使多边化区域贸易平台的建设标准与自身实力的提升趋势相匹配。

第六，中国可以提供更多符合地区需求特征的区域性国际公共产品。随着经济实力的不断提升，中国需要将经济实力逐渐转化为区域影响力，并形成协调区域事务的能力。根据自身比较优势提供力所能及的区域性国际公共产品是提升区域影响力的重要途径，随着亚投行的成立和"一带一路"倡议的推进，中国提供的区域公共产品受到区域经济体的欢迎。中国可以根据自身的需求和实力，逐渐增加对地区的基础设施建设、经济发展、金融稳定、环境保护、防病减灾、防范跨国犯罪、地区争端解决等方面的区域性国际公共产品的提供，将公共产品的提供从经济领域向社会领域延伸，逐渐向更高层的安全与防务等领域推进，增加周边国家对中国的信任和对中国和平崛起的接受度，提升中国对区域事务的协调能力，并最终转化为中国参与亚太多边化区域贸易平台建设的主导能力。

参考文献

［1］陈淑梅、全毅：《TPP、RCEP 谈判与亚太经济一体化进程》，《亚太经济》2013 年第 2 期。

［2］东艳：《全球贸易规则的发展趋势与中国的机遇》，《国际经济评论》2014 年第 1 期。

［3］董洪梅、张曙霄、刘冠辰：《自由贸易区对中国进出口贸易的影响——基于引力模型的实证分析》，《东北师大学报（哲学社会科学版)》2020 年第 2 期。

［4］董有德、赵星星：《内生自由贸易协定的贸易流量效应——基于平均处理效应的非参估计》，《世界经济研究》2014 年第 2 期。

［5］樊海潮、郭光远：《出口价格、出口质量与生产率间的关系：中国的证据》，《世界经济》2015 年第 2 期。

［6］樊勇明：《区域性国际公共产品》，《世界经济与政治》2008 年第 1 期。

［7］韩会朝、徐康宁：《中国产品出口"质量门槛"假说及其

检验》，《中国工业经济》2014 年第 4 期。

［8］韩剑、张倩洪、冯帆：《超越 WTO 时代自贸协定的贸易创造效应：对关税与非关税措施贸易影响的考察》，《世界经济研究》2018 年第 11 期。

［9］贺平：《地区主义还是多边主义：贸易自由化的路径之争》，《当代亚太》2012 年第 6 期。

［10］贺平：《共同体视角下的功能主义再研究：学理脉络与思想启示》，《复旦国际关系评论》2019 年第 2 期。

［11］贺平：《日本的东亚合作战略评析——区域性公共产品的视角》，《当代亚太》2009 年第 5 期。

［12］吉尔平：《全球政治经济学：解读国际经济秩序》，杨宇光等译，上海人民出版社，2013，第 323 页。

［13］江涛、覃琼霞：《自贸区升级协定的贸易效应研究——来自中国—东盟的证据》，《国际商务（对外经济贸易大学学报）》2022 年第 1 期。

［14］景光正、李平：《OFDI 是否提升了中国的出口产品质量》，《国际贸易问题》2016 年第 8 期。

［15］郎永峰、尹翔硕：《中国－东盟 FTA 贸易效应实证研究》，《世界经济研究》2009 年第 9 期。

［16］李坤望、蒋为、宋立刚：《中国出口产品品质变动之谜：基于市场进入的微观解释》，《中国社会科学》2014 年第 3 期。

［17］李坤望、王有鑫：《FDI 促进了中国出口产品质量升级吗？——基于动态面板系统 GMM 方法的研究》，《世界

经济研究》2013 年第 5 期。

[18] 李向阳：《国际贸易规则的形成机制》，《世界经济与政治》2006 年第 9 期。

[19] 李向阳：《新区域主义与大国战略》，《国际经济评论》2003 年第 4 期。

[20] 刘晓宁、刘磊：《贸易自由化对出口产品质量的影响效应——基于中国微观制造业企业的实证研究》，《国际贸易问题》2015 年第 8 期。

[21] 卢光盛：《地区主义与东盟经济合作》，上海辞书出版社，2008。

[22] 卢向前、戴国强：《人民币实际汇率波动对我国进出口的影响：1994—2003》，《经济研究》2005 年第 5 期。

[23] 吕宏芬、郑亚莉：《对中国—智利自由贸易区贸易效应的引力模型分析》，《国际贸易问题》2013 年第 2 期。

[24] 马树生、刘厚俊：《新区域主义与中国世界竞争战略》，《亚太经济》2004 年第 2 期。

[25] 毛海涛、钱学锋、张洁：《企业异质性、贸易自由化与市场扭曲》，《经济研究》2018 年第 2 期。

[26] 彭羽、郑枫：《"一带一路"沿线 FTA 与出口二元边际：基于网络分析视角》，《世界经济研究》2022 年第 4 期。

[27] 钱瑛、黄建忠、徐美娜：《第三方效应、区域贸易协定深化与中国策略：基于协定条款异质性的量化研究》，《经济研究》2021 年第 1 期。

[28] 沈国兵、黄铄珺：《汇率变化如何影响中国对美国一般

贸易品出口技术结构》，《世界经济》2017 年第 11 期。

[29] 沈铭辉：《亚洲经济一体化——基于多国 FTA 战略角度》，《当代亚太》2010 年第 4 期。

[30] 盛斌、果婷：《亚太区域经济一体化博弈与中国的战略选择》，《世界经济与政治》2014 年第 10 期。

[31] 盛斌：《美国视角下的亚太区域一体化新战略与中国的对策选择》，《南开学报（哲学社会科学版）》2010 年第 4 期。

[32] 施炳展：《中国企业出口产品质量异质性：测度与实施》，《经济学》（季刊）2014 年第 1 期。

[33] 石大千、丁海、卫平、刘建江：《智慧城市建设能否降低环境污染》，《中国工业经济》2018 年第 6 期。

[34] 宋泓：《特朗普上台后美国贸易及相关政策的变化和影响》，《国际经济评论》2017 年第 1 期。

[35] 苏庆义：《中国对外贸易 20 年成长路》，《中国外汇》2021 年第 23 期。

[36] 王树柏、李小平：《提高碳生产率有助于出口质量提升吗——基于 166 个经济体跨国面板数据的分析》，《国际贸易问题》2017 年第 1 期。

[37] 王雅琦、戴觅、徐建炜：《汇率、产品质量与出口价格》，《世界经济》2015 年第 5 期。

[38] 王永进、盛丹、施炳展、李坤望：《基础设施如何提升了出口技术复杂度?》，《经济研究》2010 年第 7 期。

[39] 王有鑫、王猛、赵雅婧：《人口老龄化促进了出口产品品质升级吗?》，《财贸研究》2015 年第 2 期。

［40］王在亮、王资博:《区域主义:概念、类型及发展脉络》,《理论与现代化》2013年第4期。

［41］吴心伯:《论亚太大变革》,《世界经济与政治》2017年第6期。

［42］许和连、王海成:《简政放权改革会改善企业出口绩效吗?——基于出口退(免)税审批权下放的准自然试验》,《经济研究》2018年第3期。

［43］许家云、佟家栋、毛其淋:《人民币汇率与企业生产率变动——来自中国的经验证据》,《金融研究》2015年第10期。

［44］许家云、周绍杰、胡鞍钢:《制度距离、相邻效应与双边贸易——基于"一带一路"国家空间面板模型的实证分析》,《财经研究》2017年第1期。

［45］许明:《提高劳动报酬有利于企业出口产品质量提升吗?》,《经济评论》2016年第5期。

［46］许亚云、岳文、韩剑:《高水平区域贸易协定对价值链贸易的影响——基于规则文本深度的研究》,《国际贸易问题》2020年第12期。

［47］杨凯、韩剑:《原产地规则与自由贸易协定异质性贸易效应》,《国际贸易问题》2021年第8期。

［48］杨勇、张彬:《浅析多边化区域主义在亚太区域经济一体化中的影响》,《世界经济研究》2011年第11期。

［49］叶斌:《欧盟贸易协定政策的变化和影响——法律的视角》,《欧洲研究》2014年第3期。

[50] 余淼杰、张睿：《人民币升值对出口质量的提升效应：来自中国的微观证据》，《管理世界》2017 年第 5 期。

[51] 张彬、李畅、杨勇：《多边化区域主义的新发展与中国的对策选择》，《亚太经济》2017 年第 5 期。

[52] 张国军：《亚太区域经济合作机制变迁与中国对策研究》，对外经济贸易大学博士学位论文，2016 年。

[53] 张杰：《金融抑制、融资约束与出口产品质量》，《金融研究》2015 年第 6 期。

[54] 张杰、郑文平、翟福昕：《中国出口产品质量得到提升了么?》，《经济研究》2014 年第 10 期。

[55] 张洋：《政府补贴提高了中国制造业企业出口产品质量吗》，《国际贸易问题》2017 年第 4 期。

[56] 赵奎、后青松、李巍：《省会城市经济发展的溢出效应——基于工业企业数据的分析》，《经济研究》2021 年第 3 期。

[57] 郑先武：《新区域主义理论：渊源、发展与综合化趋势》，《欧洲研究》2006 年第 1 期。

[58] Abadie, A., Imbens, G. W., "Large Sample Properties of Matching Estimators for Average Treatment Effects", *Econometrica* 74 (1), 2006, pp. 235 – 267.

[59] Amiti, M., Khandelwal, A. K., "Import Competition and Quality Upgrading", *The Review of Economics and Statistics* 95 (2), 2013, pp. 476 – 490.

[60] Anderson, J., Wincoop, E. V., "Gravity with Gravitas: A

Solution to the Border Puzzle", *American Economic Review* 93 (1), 2003, pp. 170 – 192.

[61] Anderson, S. P., Palma, A. D., "Product Diversity in Asymmetric Oligopoly: Is the Quality of Consumer Goods too Low?", *The Journal of Industrial Economics* 49 (2), 2001, pp. 113 – 135.

[62] Andrew, M., "Liberal Intergovernmentalism and Integration: A Regioner", *Journal of Common Market Studies* 33 (4), 1995, pp. 611 – 628.

[63] Arkolakis, C., Costinot, A., "New Trade Models, Same Old Gains?", *American Economic Review* 102 (1), 2012, pp. 94 – 130.

[64] Armington, P. S., "The Geographic Pattern of Trade and the Effects of Price Changes", *Staff Papers* 16 (2), 1969, pp. 179 – 201.

[65] Arndt, S. W., "On Discriminatory Versus Non-preferential Tariff Policies", *The Economics Journal* 78 (312), 1968, pp. 971 – 979.

[66] Baier, S. L., Bergstrand, J. H., Clance, M. W., "Heterogeneous Effects of Economic Integration Agreements", *Journal of Development Economics* 135, 2018, pp. 587 – 608.

[67] Baier, S. L., Bergstrand, J. H., "Do Free Trade Agreements Actually Increase Members' International Trade?", *Journal of International Economics* 71 (1), 2007, pp. 72 – 95.

[68] Baier, S. L. , Bergstrand, J. H. , Feng, M. , "Economic Integration Agreements and the Margins of International Trade", *Journal of International Economics* 93 (2), 2014, pp. 339 – 350.

[69] Baier, S. L. , Yotov, Y. V. , Zylkin, T. , "On the Widely Differing Effects of Free Trade Agreements: Lessons from Twenty Years of Trade Integration", *Journal of International Economics* 116 (Jan.), 2019, pp. 206 – 226.

[70] Baldwin, R. , "A Domino Theory of Regionalism", *NBER Working Papers* 4465 (9), 1993, pp. 18 – 19.

[71] Baldwin, R. , Haaparnata, P. , Kiander, J. , *Expanding Membership of the European Union* (Cambridge: Cambridge University Press, 1995, pp. 25 – 53).

[72] Baldwin, R. , Harrigan, J. , "Zeros, Quality and Space: Trade Theory and Trade Evidence", NBER Working Paper No. W13214, 2007.

[73] Baldwin, R. , "Multilateralising Regionalism: Spaghetti Bowls as Building Blocs on the Path to Global Free Trade", *The World Economy* 29 (11), 2006, pp. 1496 – 1498.

[74] Baldwin, R. , "The World Trade Organization and the Future of Multilateralism", *The Journal of Economic Perspectives* 30 (1), 2016, pp. 95 – 115.

[75] Beck, T. , Levine, R. , Levkov, A. , "Big Bad Banks? The Winners and Losers from Bank Deregulation in the United

States", *The Journal of Finance* 65 (5), 2010, pp. 1637 – 1667.

[76] Bergstrand, J. H. , Egger, P. , Larch, M. , "Economic Determinants of the Timing of Preferential Trade Agreement Formations and Enlargements", *Economic Inquiry* 54 (1), 2016, pp. 315 – 341.

[77] Bergstrand, J. H. , Larch, M. , Yotov, Y. V. , "Economic Integration Agreements, Border Effects, and Distance Elasticities in the Gravity Equation", *European Economic Review* 78 (C), 2015, pp. 307 – 327.

[78] Bernard, A. B. , Eaton, J. , Jensen, J. B. , Kortum, S. , "Plants and Productivity in International Trade", *American Economic Review* 93 (4), 2003, pp. 1268 – 1290.

[79] Bhagwati, J. , *Regionalism and Multilateralism: An Overview* (Cambridge: Cambridge University Press, 1993).

[80] Bhagwati, J. , "Regionalism and Multilateralism: An Overview", *New Dimensions in Regional Integration*, ed. Jaime de Melo and Arvind Panagariya (Cambridge: Cambridge University Press, 1993, pp. 22 – 51).

[81] Bhagwati, J. , "Termites in the Trading System: How Preferential Agreements Undermine Free Trade", *Cato Journal* 28 (3), 2008, pp. 555 – 558.

[82] Bhagwati, J. , "The Case for Free Trade", *Scientific American* 269 (5), 1993, pp. 42 – 49.

[83] Bhagwati, J., *The World Trading System at Risk* (Princeton: Princeton University Press, 1991).

[84] Bin, Xu, "Measuring China's Export Sophistication", China Europe International Business School, 2007.

[85] Camroux, D., "Asia…Whose Asia? A 'Return to the Future' of a Sino-Indic Asian Community", *The Pacific Review* 20 (4), 2007, pp. 551 – 575.

[86] Chaney, T., "Distorted Gravity: The Intensive and Extensive Margins of International Trade", *American Economic Review* 98 (4), 2008, pp. 1707 – 1721.

[87] Chen, H. Y., Swenson, L., "Multinational Firms and New Chinese Export Transactions", *Canadian Journal of Economics* 41 (2), 2007, pp. 596 – 618.

[88] Costinot, A., Rodriguez-Clare, A., *Trade Theory with Numbers: Quantifying the Consequences of Globalization* (North Holland: North Holland, 2014).

[89] David, C., Methods for ExPost Economic Evaluation of Free Trade Agreements, Asian Development Bank, 2010.

[90] Deborah Elms, "From the P4 to the TPP: Explaining Expansion Interests in the Asai-Pacific", Paper Presented in UN ESCAP Conference on Trade-Led Growth in Times of Crisis, Bangkok, Thailand, November, 2009.

[91] Deutsch, K. W. et al., *Political Community and the North Atlantic Area: International Organization in the Light of His-*

torical Experience (Princeton, N. J. : Princeton University Press, 1957).

[92] Dornbusch, R. , Samuelson, F. A. , "Comparative Advantage, Trade, and Payments in a Ricardian Model with a Continuum of Goods", *American Economic Review* 67 (5), 1977, pp. 823 – 839.

[93] Eaton, J. , Kortum, S. , Kramarz, F. , "An Anatomy of International Trade: Evidence from French Firms", *Econometrica* 79 (5), 2011, pp. 1453 – 1498.

[94] Eaton, J. , Kortum, S. , Sotelo, S. , *Advances in Economics and Econometrics*: *International Trade*: *Linking Micro and Macro* (Cambridge: Cambridge University Press, 2013).

[95] Eaton, J. , Kortum, S. , "Technology, Geography, and Trade", *Econometrica* 70 (5), 2002, pp. 1741 – 1779.

[96] Eicher, T. S. , Henn, C. , Papageorgiou, C. , "Trade Creation and Diversion Revisited: Accounting for Model Uncertainty and Natural Trading Partner Effects", *Journal of Applied Econometrics* 27 (2), 2012, pp. 296 – 321.

[97] Elias, D. , Bulent, U. , "A Simple Model of Quality Heterogeneity and International Trade", *Journal of Economic Dynamics and Control* 37 (1), 2013, pp. 68 – 83.

[98] Elms, D. , "From the P4 to the TPP: Explaining Expansion Interests in the Asai-Pacific", Paper resented in UN ESCAP Confere nce on Trade-Led Growth in Times of Crisis, Bang-

kok, Thailand, November, 2009.

[99] Estevadeordal, A. , Jeremy, H. , Suominen, K. : Multi-lateralizing Preferiential Rules of Origin around the World (Prepared for WTO/HEI/NCCR Trade/CEPR Conference "Multilateralizing Regionalism", Geneva, Switzerland, 2007)

[100] Ethier, "The New Regionalism", *Economic Journal* 108 (449), 1998, pp. 1149 – 1161.

[101] Falvey, R. E. , "Commercial Policy and Intra-industry Trade", *Journal of International Economics* 11 (4), 1981, pp. 495 – 511.

[102] Feenstra, R. C. , "Incentive Compatible Trade Policies", *Scandinavian Journal of Economics* 89 (3), 1987, pp. 373 – 387.

[103] Feenstra, R. C. , Romalis, J. , "International Prices and Endogenous Quality", *Quarterly Journal of Economics* 129 (2), 2012, pp. 477 – 527.

[104] Fernandez, R. , Portes, J. , "Returns to Regionalism: An Analysis of Non-Traditional Gains from Regional Trade Agreement", *The World Bank Economic Review* 12, 1998, pp. 197 – 220.

[105] Grossman, G. M. , Helpman, E. , "Quality Ladders and Product Cycles", *The Quarterly Journal of Economics* 106 (2), 1991, pp. 557 – 586.

[106] Grossman, G. M. , Helpman, E. , "The Politics of Free

Trade Agreements", *The American Economic Review* 85
(4), 1995, pp. 667 – 690.

[107] Haas, E. B. , *The Uniting of Europe: Political Social and Economic Forces: 1950 – 1957* (Stanford: Stanford University Press, 1958).

[108] Hallak, J. C. , "Product Quality and the Direction of Trade", *Journal of International Economics* 68 (1), 2006, pp. 238 – 265.

[109] Hallak, J. C. , Schott, P. K. , "Estimating Cross-Country Differences in Product Quality", *Quarterly Journal of Economics* 126 (1), 2011, pp. 417 – 474.

[110] Hallak, J. C. , Sivadasan, J. , "Firm's Exporting Behavior under Quality Constraints", NBER Working Papers, No. 14928, 2009.

[111] Hausmann, R. , Hwang, J. , Rodrik, D. , "What You Export Matters", *Journal of Economic Growth* 12 (1), 2007, pp. 1 – 25.

[112] Head, K. , Mayer, T. , *Gravity Equations: Workhorse, Toolkit, and Cookbook* (North Holland: North Holland, 2014).

[113] Helpman, E. , Melitz, M. , Rubinstein, Y. , "Estimating Trade Flows: Trading Partners and Trading Volumes", *The Quarterly Journal of Economics* 123 (2), 2008, pp. 441 – 487.

[114] Henn, C. et al. , "Export Quality in Developing Coun-

tries", *Social Science Electronic Publishing* 13 (108),
2013, pp. 1 – 15.

[115] Hettne, B. , Inotai, A. , Sunkel, O. , *Globalism and the New Regionalism* (Basingstoke: Macmillan, 1999).

[116] Hoffmann, S. , "Obstinate or Obsolete? The Fate of the Nation-state and the Case of Western Europe", *Daedalus* 95 (3), 1966, pp. 862 – 915.

[117] Horn, H. , Mavroidis, P. C. , Sapir, A. , "Beyond the WTO? An Anatomy of EU and US Preferential Trade Agreements", *The World Economy* 33 (11), 2010, pp. 1565 – 1588.

[118] Hummels, D. , Klenow, P. J. , "The Variety and Quality of a Nation's Exports", *American Economic Review* 95 (3), 2005, pp. 704 – 723.

[119] Hu, Q. F. , Lin, J. , "An Empirical Analysis on the Impact Factors of Bilateral Trade Costs", *Modern Economic Science* 4, 2017, pp. 98 – 104.

[120] Jayasuriya, K. "Singapore: The Politics of Regional Definition", *The Pacific Review* 7 (4), 1994, pp. 411 – 420.

[121] Johnson, R. , "Trade and Prices with Heterogeneous Firms", *Journal of International Economics* 86 (1), 2012, pp. 43 – 56.

[122] Katzenstein, P. J. , *A World of Regions: Asia and Europe in the American Imperium* (Ithaca, NY: Cornell University Press, 2005).

[123] Khandelwal, A. K. , Schott, P. K. , Wei, S. J. , "Trade
          Liberalization and Embedded Institutional Reform: Evi-
          dence from Chinese Exporters", *The American Economic
          Review* 103 (6), 2013, pp. 2169 – 2195.

[124] Kohl, T. , "Do We Really Know That Trade Agreements
          Increase Trade?", *Review of World Economics* 150 (3),
          2014, pp. 443 – 469.

[125] Krugman, P. R. , "Increasing Returns, Monopolistic Com-
          petition, and International Trade", *Journal of Internation-
          al Economics* 9 (4), 1979, pp. 469 – 479.

[126] Lake, D. A, Morgan, P. M. , eds. , *Regional Orders:
          Building Security in a New World* (The Penn State: The
          Penn State University Press, 1997).

[127] Lee, J. W. , Swagel, P. , "Trade Barriers and Trade Flows
          across Countries and Industries", *Review of Economics &
          Statistics* 79 (3), 1997, pp. 372 – 382.

[128] Lewbel, A. "Using Heteroscedasticity to Identify and Estimate
          Mismeasured and Endogenous Regressor Models", *Journal of
          Business & Economic Stats*, 2012, 30 (1), pp. 67 – 80.

[129] Lloyd, P. J. , "3 × 3 Theory of Customs Unions", *Journal
          of International Economics* 12 (1), 1982, pp. 41 – 63.

[130] Mansfield, E. , Solingen, E. , "Regionalism", *Annual
          Review of Political Science* 13 (1), 2010, pp. 145 – 163.

[131] McLaren, J. , "A Theory of Insidious Regionalism", *The*

Quarterly Journal of Economics 117 （2）, 2002, pp. 571 –
608.

[132] McMillan, J., McCann, E., "Welfare Effects in Customs",
Economic Journal 91 （363）, 1981, pp. 697 –703.

[133] Melitz, M. J., Redding, S. J., *Heterogeneous Firms and
Trade* （North Holland: North Holland, 2014）.

[134] Melitz, M. J., Redding, S. J., "New Trade Models, New
Welfare Implications", *American Economic Review* 105
（3）, 2015, pp. 1105 –1146.

[135] Melitz, M. J., "The Impact of Trade on Intra-industry Re-
alloacations and Aggregate Industry Productivity", *Econo-
metrica* 71 （6）, 2003, pp. 1695 –1725.

[136] Michaely M., "Trade Preferential Agreements in Latin A-
merica: An Ex-Ante Assessment", *WB Policy Research
Working Paper*, No. 1583, 1996.

[137] Moraga-González, J., Viaene, J., "Trade Policy and
Quality Leadership in Transition Economies", *European
Economic Review* 49 （2）, 2005, pp. 359 –385.

[138] Mrázová, M., Neary, J. P., "Together at Last: Trade
Costs, Demand Structure, and Welfare", *The American
Economic Review* 104 （5）, 2014, pp. 298 –303.

[139] Ossa, R., "Why Trade Matters After All", *Journal of In-
ternational Economics* 97 （2）, 2015, pp. 266 –277.

[140] Perroni, C., Whalley, J., "The New Regionalism: Trade

Liberalization or Insurance?", *Canadian Journal of Economics* 33 (1), 2000, pp. 1 – 24.

[141] Redding, S., "Theories of Heterogeneous Firms and Trade", *Annual Review of Economics* 3, 2011, pp. 77 – 105.

[142] Redding, S., Venables, A. J., "Economic Geography and International Inequality", *Journal of International Economics* 62 (1), 2004, pp. 53 – 82.

[143] Riezman, R., "A 3 × 3 Model of Customs Unions", *Journal of International Economics* 9 (3), 1979, pp. 341 – 354.

[144] Rodriguez-Clare, A., "Trade, Diffusion and the Gains from Openness", *Society for Economic Dynamics Meeting Papers*, 2007.

[145] Samuelson, P. A., "An Approach to A Price Theory for A Changing Economy", *The American Economic Review* 29 (4), 1939, pp. 806 – 807.

[146] Schiff, M., Winters, L., "Regional Integration as Diploma", *The World Bank Economic Review* 12, 1998, pp. 271 – 295.

[147] Schulz, M. et al., *Regionalization in a Globalizing World: A Comparative Perspective on Forms, Actors and Process* (London: Zed Books, 2001).

[148] Stokey, N. L., "The Volume and Composition of Trade between Rich and Poor Countries", *Review of Economic Studies* 58 (193), 1991, pp. 63 – 80.

[149] Sun, J. , Luo, Y. , Zhou, Y. , "The Impact of Regional Trade Agreements on the Quality of Export Products in China's Manufacturing Industry", *Journal of Asian Economics*, 2022, 80, 101456.

[150] Sutton, J. , "Schumpeter Lectures: Technology and Market Structure", *European Economic Review* 40 (3 –5), 1996, pp. 511 –530.

[151] Tinbergen, J. *Shaping the World Economy: Suggestions for An International Economic Policy* (New York: The Twentieth Century Fund, 1962).

[152] Vayrynen, R. , "Regionalism: Old and Ne", *International Studies Review* 5 (1), 2003, pp. 25 –51.

[153] Verevis, S. , Üngör, M. , "What Has New Zealand Gained from The FTA with China? Two Counterfactual Analyses", *Scottish Journal of Political Economy* 68 (1), 2020, pp. 20 –50.

[154] Viner, J. , *The Customs Union Issue*, (Carnegie Endowment for International Peace, 1950).

[155] Whalley, J. , "Why do Countries Seek Regional Trade Agreements", *NBER Working Paper* No. 5552, 1996, pp. 1 –37.

[156] Winters, L. A. , Chang, W. , "Regional Integration and Import Prices: An Empirical Investigation", *Journal of International Economics* 51 (2), 2000, pp. 363 –377.

后　记

　　《中国自由贸易区建设——福利效应与推进路径》是笔者在国际区域一体化领域的第二部专著，也是笔者近 10 年来相关研究工作的总结。

　　当前国际区域主义发展处于十字路口，以孤立主义、保护主义为代表的"逆全球化"思潮抬头，干扰和阻碍多边主义发展进程。中国高举全球化大旗，努力推动多边主义艰难前行，当前正在积极推动加入《全面与进步跨太平洋伙伴关系协定》（CPTPP）与《数字经济伙伴关系协定》（DEPA）的谈判。理论与实践的发展日新月异，一方面给相关领域的研究提供了新素材，另一方面也给研究增加了难度。受限于笔者的学识水平和研究能力，很难完全把握当前理论与实践发展中出现的新知识，因此本书中的错误与疏漏难以避免，恳请读者原谅与指正。

　　本书能够最终出版，首先要感谢导师张彬教授一直以来鼓励我在这个研究方向上的坚持。同时，我的学生陈艳艳、张晓婷和李畅分别协助完成了本书第三章、第四章与第五章的部分研究工作，郭秀锦和徐志炜也承担了大量数据资料整理和文献梳理工作，在此一并表示感谢。

本书出版得到国家自然科学基金面上项目"环境规制与'中国式'产能过剩的防治"（71873097）的资助。本书是国家社会科学基金重大项目"新发展阶段伟大实践与发展经济学理论创新研究"（21&ZD071）的阶段性研究成果；同时是国家社会科学基金重大招标项目"'一带一路'相关国家贸易竞争与互补关系研究"（16ZDA039）、国家社会科学基金国家应急管理体系建设研究专项"全球重大突发事件中的国际合作：中国参与战略及对策研究"（20VYJ035）的阶段性成果。社会科学文献出版社经济与管理分社社长恽薇和胡楠编辑为本书的出版付出了辛勤的劳动，特致谢意！

杨勇

2022 年 5 月于武汉大学枫园

图书在版编目（CIP）数据

中国自由贸易区建设：福利效应与推进路径 / 杨勇
著 . -- 北京：社会科学文献出版社，2022.11
ISBN 978 - 7 - 5228 - 1024 - 9

Ⅰ.①中… Ⅱ.①杨… Ⅲ.①自由贸易区 - 经济建设
- 研究 - 中国 Ⅳ.①F752

中国版本图书馆 CIP 数据核字（2022）第 206720 号

中国自由贸易区建设
—— 福利效应与推进路径

著　　者 / 杨　勇

出 版 人 / 王利民
组稿编辑 / 恽　薇
责任编辑 / 胡　楠
责任印制 / 王京美

出　　版 / 社会科学文献出版社·经济与管理分社（010）59367226
　　　　　　地址：北京市北三环中路甲29号院华龙大厦　邮编：100029
　　　　　　网址：www.ssap.com.cn
发　　行 / 社会科学文献出版社（010）59367028
印　　装 / 三河市尚艺印装有限公司

规　　格 / 开　本：787mm×1092mm　1/16
　　　　　　印　张：13.75　字　数：143千字
版　　次 / 2022年11月第1版　2022年11月第1次印刷
书　　号 / ISBN 978 - 7 - 5228 - 1024 - 9
定　　价 / 98.00元

读者服务电话：4008918866